Ludwig van Beethoven

Ludwig van Beethoven
Briefe und Aufzeichnungen

Ausgewählt und
mit einem Nachwort versehen
von Rüdiger Görner

Insel Verlag

Erste Auflage 1993
© Insel Verlag Frankfurt am Main und Leipzig 1993
Alle Rechte vorbehalten
Bezugspapier: Italienisches Buntpapier, Modeldruck, Anfang 19.Jh.
Deutsches Buch- und Schriftmuseum der Deutschen Bücherei Leipzig,
Inventar-Nr. Bu I, 2024
Satz: Hümmer GmbH, Waldbüttelbrunn
Druck: Nomos Verlagsgesellschaft, Baden-Baden
Printed in Germany
ISBN 3-458-19134-8

»... im Streit mit Natur und Schöpfer«

1. An Kurfürst Max Friedrich von Köln in Bonn[1].

1783.

Erhabenster! Seit meinem vierten Jahre begann die Musik die erste meiner jugendlichen Beschäftigungen zu werden. So frühe mit der holden Muse bekannt, die meine Seele zu reinen Harmonien stimmte, gewann ich sie, und wie mir's oft wohl deuchte, sie mich wieder lieb. Ich habe nun schon mein elftes Jahr[2] erreicht; und seitdem flüsterte mir oft meine Muse in den Stunden der Weihe zu: »Versuch's und schreib einmal deiner Seele Harmonien nieder!« Elf Jahre – dachte ich – und wie würde mir da die Autormiene lassen? und was würden dazu die Männer der Kunst wohl sagen? Fast ward ich schüchtern. Doch meine Muse wollt's – ich gehorchte und schrieb. Und darf ich's nun, Erlauchtester! wohl wagen, die Erstlinge meiner jugendlichen Arbeiten zu Deines Thrones Stufe zu legen? und darf ich hoffen, daß Du ihnen Deines ermunternden Beifalles milden Vaterblick wohl schenken werdest? – O, ja! fanden doch von jeher Wissenschaft und Künste in Dir ihren weisen Schützer, großmütigen Beförderer und aufsprießendes Talent unter Deiner holden Vaterpflege Gedeihn. – Voll dieser ermunternden Zuversicht wag' ich es, mit diesen jugendlichen Versuchen mich Dir zu nahen. Nimm sie als ein reines Opfer kindlicher Ehrfurcht auf und sieh mit Huld, Erhabenster! auf sie herab und ihren jungen Verfasser   Ludwig van Beethoven.

2. Stammbuchblatt für A. Vocke aus Nürnberg.

22. Mai 1793.

Ich bin nicht schlimm – heißes Blut ist meine Bosheit – mein Verbrechen Jugend – schlimm bin ich nicht – schlimm wahrlich nicht – wenn auch oft wilde Wallungen – mein Herz verklagen – mein Herz ist gut. – Wohltun, wo man kann – Freiheit über alles lieben, Wahrheit nie – auch sogar am Throne nicht verleugnen! Denken Sie auch ferner Ihres Sie verehrenden Freundes

Ludwig Beethoven
aus Bonn im Kölnischen.

3. An Eleonore von Breuning[1].

Verehrungswürdige Eleonore! Meine teuerste Freundin! Erst nachdem ich nun hier in der Hauptstadt bald ein ganzes Jahr verlebt habe, erhalten Sie von mir einen Brief, und doch waren Sie gewiß in einem immerwährenden lebhaften Andenken bei mir. Sehr oft unterhielt ich mich mit Ihnen und Ihrer lieben Familie, nur öfters nicht mit der Ruhe, die ich dabei gewünscht hätte. Da war's, wo mir der fatale Zwist noch vorschwebte, wobei mir mein damaliges Betragen so verabscheuungswert vorkam. Aber es war geschehen, o wieviel gäbe ich dafür, wäre ich imstande, meine damalige, mich so sehr entehrende, sonst meinem Charakter zuwiderlaufende Art zu handeln ganz aus meinem Leben tilgen zu können. Freilich waren mancherlei Umstände, die uns immer voneinander entfernten, und wie ich vermute, war das Zuflüstern von den wechselweise gegeneinander gehaltenen Reden hauptsächlich dasjenige, was alle Übereinstimmung verhinderte. Jeder von uns glaubte hier, er spreche mit wahrer Überzeugung, und doch war es nur angefachter Zorn, und wir waren beide getäuscht. Ihr guter und edler Charakter, meine liebe Freundin, bürgt mir zwar dafür, daß Sie mir längst vergeben haben. Aber man sagt, die aufrichtigste Reue sei diese, wo man sein Vergehen selbst gesteht, dieses habe ich gewollt. – Und lassen Sie uns nun den Vorhang vor diese ganze Geschichte ziehen und nur noch die Lehre davon nehmen, daß, wenn Freunde in Streit geraten, es immer besser sei, keinen Vermittler dazu zu brauchen, sondern daß der Freund sich an den Freund unmittelbar wende.

Sie erhalten hier eine Dedikation von mir an Sie, wobei ich nur wünschte, das Werk sei größer und Ihrer würdiger. Man plagte mich hier um die Herausgabe dieses Werkchens, und ich benutzte diese Gelegenheit, um Ihnen, meine verehrungswürdige Eleonore, einen Beweis meiner Hochachtung und Freundschaft gegen Sie und eines immerwährenden Andenkens an Ihr Haus zu geben. Nehmen Sie diese Kleinigkeit hin und denken Sie dabei, sie kommt von einem Sie sehr verehrenden Freunde. O, wenn sie Ihnen nur Vergnügen macht, so sind meine Wünsche ganz befriedigt. Es sei eine kleine

Wiedererweckung jener Zeit, wo ich so viele und so selige Stunden in Ihrem Hause zubrachte; vielleicht erhält es mich im Andenken bei Ihnen, bis ich einst wiederkomme, was nun freilich sobald nicht sein wird. O wie wollen wir uns dann, meine liebe Freundin, freuen; Sie werden dann einen fröhlichern Menschen an Ihrem Freunde finden, dem die Zeit und sein besseres Schicksal die Furchen seines vorhergegangenen, widerwärtigen ausgeglichen hat.

Sollten Sie die B. Koch[2] sehen, so bitte ich Sie, ihr zu sagen, daß es nicht schön sei von ihr, mir gar nicht einmal zu schreiben. Ich habe doch zweimal geschrieben; an Malchus[3] schrieb ich dreimal und – keine Antwort. Sagen Sie ihr, daß, wenn sie nicht schreiben wolle, sie wenigstens Malchus dazu antreiben sollte. Zum Schlusse meines Briefs wage ich noch eine Bitte; sie ist, daß ich wieder gerne so glücklich sein möchte, eine von Hasenhaaren gestrickte Weste von Ihrer Hand, meine liebe Freundin, zu besitzen. Verzeihen Sie die unbescheidene Bitte Ihrem Freunde. Sie entsteht aus großer Vorliebe für alles, was von Ihren Händen ist, und heimlich kann ich Ihnen wohl sagen, eine kleine Eitelkeit liegt mit dabei zugrunde, nämlich: um sagen zu können, daß ich etwas von einem der besten, verehrungswürdigsten Mädchen in Bonn besitze. Ich habe zwar noch die erste, womit Sie so gütig waren, mich in Bonn zu beschenken, aber sie ist durch die Mode so unmodisch geworden, daß ich sie nur als etwas von Ihnen mir sehr Teures im Kleiderschrank aufbewahren kann. Vieles Vergnügen würden Sie mir machen, wenn Sie mich bald mit einem lieben Briefe von Ihnen erfreuten. Sollten Ihnen meine Briefe Vergnügen verursachen, so verspreche ich Ihnen gewiß, soviel mir möglich ist, hierin willig zu sein, sowie mir alles willkommen ist, wobei ich Ihnen zeigen kann, wie sehr ich bin

Ihr Sie verehrender wahrer Freund L. v. Beethoven.

P. S. Die Variationen[4] werden etwas schwer zum Spielen sein, besonders die Triller in der Coda. Das darf Sie aber nicht abschrecken. Es ist so veranstaltet, daß Sie nichts als den Triller zu machen brauchen, die übrigen Noten lassen Sie aus, weil sie in der Violinstimme auch vorkommen. Nie würde ich so etwas gesetzt haben; aber ich hatte schon öfter bemerkt, daß hier und da einer in Wien war, welcher meistens, wenn ich des Abends phantasiert hatte, des andern Tages viele von meinen Eigenheiten aufschrieb und sich damit brüstete[5]. Weil ich nun voraussah, daß bald solche Sachen erscheinen würden, so nahm ich mir vor, ihnen zuvorzukommen. Eine andere Ursache war noch dabei, nämlich: die hiesigen Klaviermeister in Verlegenheit zu setzen. Manche davon sind meine Todfeinde, und so wollte ich mich auf diese Art an ihnen rächen, weil ich voraus wußte, daß man ihnen die Variationen hier und da vorlegen würde, wo die Herren sich dann übel dabei produzieren würden.

Beethoven.

4. An Nikolaus Simrock[1].

Wien, 2. August 1794.

Lieber Simrock! Ich verdiente ein bißchen von Ihnen ausgeputzt zu werden, weil ich Ihnen so lange Ihre Variationen[2] zurückgehalten habe, aber ich lüge wahrlich nicht, wenn ich Ihnen sage, daß ich verhindert war durch überhäufte Geschäfte, selbe sobald zu korrigieren. Was daran fehlt, werden Sie selbst finden; übrigens muß ich Ihnen Glück wünschen in Ansehung Ihres Stichs, der schön, deutlich und lesbar ist. Wahrhaftig, wenn Sie so fortfahren, so werden Sie noch das Oberhaupt im Stechen werden, versteht sich im Notenstechen. –

Ich versprach Ihnen im vorigen Briefe, etwas von mir zu schicken, und Sie legten das als Kavaliersprache aus, woher hab ich dann dieses Prädikat verdient? – Pfui, wer würde in unsern demokratischen Zeiten noch so eine Sprache annehmen; um mich Ihres gegebenen Prädikats verlustig zu machen, sollen Sie, sobald ich die große Revue an meinen Kompositionen vorgenommen habe, was jetzt bald geschieht, etwas haben, was Sie gewiß stechen werden. – Wegen einem Commissionaire habe ich mich auch umgesehen, und einen recht braven tüchtigen Mann dazu gefunden. Seine Name ist Traeg. Sie haben jetzt nichts zu tun, als an ihn oder mich zu schreiben, was für Bedingungen Sie eingehen wollen. Er verlangt von Ihnen das Drittel rabate. Der Teufel verstehe sich auf Eure Handelei. – Hier ist es sehr heiß; die Wiener sind bange, sie werden bald kein Gefrorenes mehr haben können; da der Winter so wenig kalt war, so ist das Eis rar. Hier hat man verschiedene Leute von Bedeutung eingezogen; man sagt, es hätte eine Revolution ausbrechen sollen. Aber ich glaube, solange der Österreicher noch braun's Bier und Würstel hat, revoltiert er nicht. Es heißt, die Töre zu den Vorstädten sollen nachts um 10 Uhr gesperrt werden. Die Soldaten haben scharf geladen. Man darf nicht zu laut sprechen hier, sonst gibt die Polizei einem Quartier.

Sind Ihre Töchter schon groß, erziehen Sie mir eine zur Braut; denn wenn ich ungeheiratet in Bonn bin, bleibe ich gewiß nicht lange da; – Sie müssen doch auch jetzt in Angst leben! –

Was macht der gute Ries[3]? Ich will ihm nächstens schreiben; er kann nicht anders als unvorteilhaft denken von mir. Aber das verfluchte Schreiben, daß ich mich darin nicht ändern kann. – Haben Sie schon meine Partie[4] aufgeführt? Schreiben Sie mir zuweilen.

Ihr Beethoven.

Wenn Sie mir doch auch von den ersten Variationen einige Exemplare schickten!

5. An Franz Gerhard Wegeler[1].

[1795.]

Liebster, bester! In was für einem abscheulichen Bilde hast Du mich mir selbst dargestellt; o ich erkenne es, ich verdiene Deine Freundschaft nicht. Du bist so edel, so gutdenkend, und das ist das erstemal, daß ich mich nicht neben Dir stellen darf, weit unter Dir bin ich gefallen. Ach! ich habe meinem besten edelsten Freund acht Wochen lang Verdruß gemacht. Du glaubst, ich habe an der Güte meines Herzens verloren, dem Himmel sei Dank: nein! Es war keine absichtliche, ausgedachte Bosheit von mir, die mich so gegen Dich handeln ließ, es war mein unverzeihlicher Leichtsinn, der mich die Sache nicht in dem Lichte sehen ließ, wie sie wirklich war. – O wie schäm' ich mich für Dir, wie für mir selbst. – Fast traue ich mich nicht mehr, Dich um Deine Freundschaft wieder zu bitten. – Ach Wegeler! nur mein einziger Trost ist, daß Du mich fast seit meiner Kindheit kanntest. Und doch, o laß mich's selbst sagen, ich war doch immer gut und bestrebte mich immer der Rechtschaffenheit und Biederkeit in meinen Handlungen. Wie hättest Du mich sonst lieben können! Sollte ich denn jetzt seit der kurzen Zeit auf einmal mich so schrecklich, so sehr zu meinem Nachteil geändert haben? – Unmöglich! Diese Gefühle des Großen, des Guten sollten alle auf einmal in mir erloschen sein? Mein Wegeler, lieber, bester, o wag' es noch einmal, Dich wieder ganz in die Arme Deines B. zu werfen, baue auf die guten Eigenschaften, die Du sonst in ihm gefunden hast. Ich stehe Dir dafür, den neuen Tempel der heiligen Freund-schaft, den Du darauf aufrichten wirst, er wird fest, ewig stehen, kein Zufall, kein Sturm wird ihn in seinen Grundfesten erschüttern können. – Fest – ewig – unsere Freundschaft; – Verzeihung – Verges-senheit! – Wiederaufleben der sterbenden sinkenden Freundschaft! – O Wegeler, verstoße sie nicht diese Hand zur Aussöhnung, gib die Deinige in die meine. – Ach Gott! – Doch nichts mehr. – Ich selbst komme zu Dir, und werfe mich in Deine Arme und bitte um den verlorenen Freund, und Du gibst Dich mir, dem reuevollen, Dich liebenden, Dich nie vergessenden

Beethoven wieder.

Jetzt eben habe ich Deinen Brief erhalten, weil ich erst nach Hause gekommen bin.

6. *An Nikolaus von Zmeskall*[1].

[1798.]

Liebster Baron Dreckfahrer! Je vous suis bien obligé pour votre faiblesse de vos yeux. Übrigens verbitte ich mir ins künftige, mir meinen frohen Mut, den ich zuweilen habe, nicht zu nehmen; denn gestern durch Ihr Zmeskall-Domanoveczisches Geschwätz bin ich ganz traurig geworden. Hol' Sie der Teufel, ich mag nichts von Ihrer ganzen Moral wissen. *Kraft* ist die Moral der Menschen, die sich vor anderen auszeichnen, und sie ist auch die meinige; und wenn Sie mir heute wieder anfangen, so plage ich Sie so sehr, bis Sie alles gut und löblich finden, was ich tue. (Denn ich komme zum Schwane, im Ochsen wär's mir zwar lieber, doch beruht das auf Ihrem Zmeskalischen Domanoveczischen Entschluß.) (Reponse.)

Adieu Baron Ba... ron ron / nor / orn / rno / onr /

(Voila quelque chose aus dem alten Versatzamt.)

Nikolaus von Zmeskall

7. An Nikolaus von Zmeskall.

[1798.]

An seine Hochwohl-Wohl-Wohlstgeboren des Herrn von Zmeskall, kais. und könig. wie auch königl. kaisl. Hofsekretär!

Seine Hochwohlgeboren, seine des Herrn von Zmeskall Zmeskallität haben die Gewogenheit zu bestimmen, wo man sie morgen sprechen kann.

Wir sind Ihnen ganz verflucht ergeben.

Beethoven.

8. An Johann Nepomuk Hummel[1].

Herzens-Nazerl! Du bist ein ehrlicher Kerl und hattest recht, das
sehe ich ein. Komm also diesen Nachmittag zu mir. Du findest auch
den Schuppanzigh[2] und wir beide wollen Dich rüffeln, knüffeln und
schütteln, daß Du Deine Freude dran haben sollst.

Dich küßt Dein Beethoven, auch Mehlschöberl genannt.

Ignaz Schuppanzigh

9. An Friedrich von Matthisson[1].

Wien, 4. August 1800.

Verehrungswürdigster! Sie erhalten hier eine Komposition[2] von mir,
welche bereits schon einige Jahre im Stich heraus ist und von welcher
Sie vielleicht zu meiner Schande noch gar nichts wissen. Mich entschuldigen und sagen, warum ich Ihnen etwas widmete, was so
warm von meinem Herzen kam und Ihnen gar nichts davon be-

kanntmachte, das kann ich mich vielleicht dadurch, daß ich anfänglich Ihren Aufenthalt nicht wußte, einen Teil auch wieder meine Schüchternheit, daß ich glaubte, mich übereilt zu haben, Ihnen etwas gewidmet zu haben, wovon ich nicht wußte, ob es Ihren Beifall hat.

Zwar auch jetzt schicke ich Ihnen die Adelaide mit Ängstlichkeit. Sie wissen selbst, was einige Jahre bei einem Künstler, der immer weiter geht, für eine Veränderung hervorbringen; je größere Fortschritte in der Kunst man macht, desto weniger befriedigen einen seine älteren Werke. Mein größester Wunsch ist befriedigt, wenn Ihnen die musikalische Komposition Ihrer himmlischen Adelaide nicht ganz mißfällt und wenn Sie dadurch bewogen werden, bald wieder ein ähnliches Gedicht zu schaffen, und fänden Sie meine Bitte nicht unbescheiden, es mir sogleich zu schicken, und ich will dann auch alle meine Kräfte aufbieten, Ihrer schönen Poesie nahezukomen[3]. – Die Dedikation[4] betrachten Sie teils als ein Zeichen des Vergnügens, welches mir die Komposition Ihrer A. gewährte, teils als ein Zeichen meiner Dankbarkeit und Hochachtung für das selige Vergnügen, was mir Ihre Poesie überhaupt immer machte und noch machen wird.

Erinnern Sie sich bei Durchspielung der A. zuweilen

Ihres Sie wahrhaft verehrenden Beethoven.

10. An Carl Amenda[1].

Wien, 1. Juni 1801.

Mein lieber, mein guter Amenda, mein herzlicher Freund. Mit inniger Rührung, mit gemischtem Schmerz und Vergnügen habe ich Deinen letzten Brief erhalten und gelesen. Womit soll ich Deine Treue, Deine Anhänglichkeit an mich vergleichen! O, das ist recht schön, daß Du mir immer so gut geblieben, ja ich weiß Dich auch mir vor allen bewährt und herauszuheben, Du bist kein *Wiener* Freund, nein, Du bist einer von denen, wie sie mein vaterländischer Boden hervorzubringen pflegt; wie oft wünsche ich Dich bei mir, denn Dein Beethoven lebt sehr unglücklich, im Streit mit Natur und

Schöpfer; schon mehrmals fluchte ich letzterem, daß er seine Geschöpfe dem kleinsten Zufalle ausgesetzt, so daß oft die schönste Blüte dadurch vernichtet und zerknickt wird; wisse daß mir der edelste Teil, mein Gehör, sehr abgenommen hat, schon damals, als Du noch bei mir warst, fühlte ich davon Spuren, und ich verschwieg's, nun ist es immer ärger geworden; ob es wird wieder können geheilt werden, das steht noch zu erwarten, es soll von den Umständen meines Unterleibs herrühren; was nun den betrifft, so bin ich auch fast ganz hergestellt, ob nun auch das Gehör besser werden wird, das hoffe ich zwar, aber schwerlich, solche Krankheiten sind die unheilbarsten. Wie traurig ich nun leben muß, alles, was mir lieb und teuer ist, meiden; und dann unter so elenden, egoistischen Menschen wie...² usw. – Ich kann sagen, unter allen ist mir Lichnowsky³ der erprobteste; er hat mir seit vorigem Jahre 600 fl. ausgeworfen; das und der gute Abgang meiner Werke setzt mich in den Stand, ohne Nahrungssorgen zu leben; alles, was ich jetzt schreibe, kann ich gleich fünfmal verkaufen und auch gut bezahlt haben. – Ich habe ziemlich viel die Zeit geschrieben; da ich höre, daß Du bei... Klaviere bestellt hast, so will ich Dir dann manches schikken in dem Verschlag so eines Instrumentes, wo es Dich nicht so viel kostet.

Jetzt ist zu meinem Trost wieder ein Mensch⁴ hergekommen, mit dem ich das Vergnügen des Umgangs und der uneigennützigen Freundschaft teilen kann, er ist einer meiner Jugendfreunde. Ich habe ihm oft schon von Dir gesprochen und ihm gesagt, daß, seit ich mein Vaterland verlassen, Du einer derjenigen bist, die mein Herz ausgewählt hat; – auch ihm kann der... nicht gefallen, er ist und bleibt zu schwach zur Freundschaft, und ich betrachte ihn und... als bloße Instrumente, worauf ich, wenn's mir gefällt, spiele; aber nie können sie volle Zeugen meiner inneren und äußeren Tätigkeit, ebensowenig als wahre Teilnehmer von mir werden; ich taxiere sie nur nach dem, was sie mir leisten. O, wie glücklich wäre ich jetzt, wenn ich mein vollkommenes Gehör hätte, dann eilte ich zu Dir; aber so, von Allem muß ich zurückbleiben, meine schönsten Jahre werden dahinfliegen, ohne alles das zu wirken, was mich mein Talent und meine Kraft geheißen hätten! – Traurige Resignation, zu der ich meine Zuflucht nehmen muß; ich habe mir freilich vorgenommen, mich über alles das hinauszusetzen; aber wie wird es möglich sein? Ja, Amenda, wenn nach einem halben Jahre mein Übel unheilbar wird, dann mache ich Anspruch auf Dich, dann mußt Du alles verlassen und zu mir kommen; ich reise dann (bei meinem Spiel und Komposition macht mir mein Übel noch am wenigsten, nur am meisten im Umgang) und Du mußt mein Begleiter sein, ich bin überzeugt, mein Glück wird nicht fehlen; womit könnte ich mich jetzt nicht messen! Ich habe seit der Zeit Du fort bist, alles geschrieben, bis auf Opern und Kirchensachen. Ja, Du schlägst mir's nicht ab, Du hilfst Deinem Freund seine Sorgen, sein Übel tragen. Auch mein Klavierspielen habe ich sehr vervollkommnet, und ich hoffe, diese Reise soll auch Dein Glück vielleicht noch machen, Du bleibst hernach ewig bei mir. – Ich habe alle Deine Briefe richtig erhalten; so wenig ich Dir auch antworte, so warst Du doch immer mir gegenwärtig und mein Herz schlägt so zärtlich wie immer für Dich. – Die Sache meines Gehörs bitte ich Dich als ein großes Geheimnis aufzubewahren und niemand, wer es auch sei, anzuvertrauen. – Schreibe mir recht oft, Deine Briefe, wenn sie auch noch so kurz sind, trösten mich, tun mir wohl und ich erwarte bald wieder von Dir, mein Lieber, einen Brief. – Dein Quartett[5] gib ja nicht weiter, weil ich es sehr umgeändert habe, indem ich erst jetzt recht Quartetten zu schreiben weiß, was Du schon sehen wirst, wenn Du sie erhalten wirst. – Jetzt leb' wohl! lieber Guter; glaubst Du vielleicht, daß ich Dir hier etwas Angenehmes erzeigen kann, so versteht sich's von selbst, daß Du zuerst Nachricht davon gibst

Deinem treuen, Dich wahrhaft liebenden L. v. Beethoven.

11. An Franz Wegeler.

Wien, 29. Juni [1801].

Mein lieber, guter Wegeler! Wie sehr danke ich Dir für Dein Andenken an mich; ich habe es so wenig verdient und um dich zu verdienen gesucht, und doch bist Du so sehr gut, und läßt Dich durch nichts, selbst durch meine unverzeihliche Nachlässigkeit nicht abhalten, bleibst immer der treue, gute, biedere Freund. – Daß ich Dich und überhaupt euch, die ihr mir einst alle so lieb und teuer waret, vergessen könnte, nein, das glaub nicht; es gibt Augenblicke, wo ich mich selbst nach euch sehne, ja bei euch einige Zeit zu verweilen. – Mein Vaterland, die schöne Gegend, in der ich das Licht der Welt erblickte, ist mir noch immer so schön und deutlich vor meinen Augen, als da ich euch verließ; kurz ich werde diese Zeit als eine der glücklichsten Begebenheiten meines Lebens betrachten, wo ich euch wiedersehen, und unseren Vater Rhein begrüßen kann. Wann dies sein wird, kann ich Dir noch nicht bestimmen. – Soviel will ich euch sagen, daß ihr mich nur recht groß wiedersehen werdet; nicht als Künstler sollt ihr mich größer, sondern auch als Mensch sollt ihr mich besser, vollkommener finden, und ist dann der Wohlstand etwas besser in unserem Vaterlande, dann soll meine Kunst sich nur zum Besten der Armen zeigen. O glückseliger Augenblick, wie glücklich halte ich mich, daß ich dich herbeischaffen, dich selbst schaffen kann! – Von meiner Lage willst Du was wissen; nun, sie wäre eben so schlecht nicht. Seit vorigem Jahr hat mir Lichnowsky, der, so unglaublich es Dir auch ist, wenn ich Dir es sage, immer mein wärmster Freund war, und geblieben ist (kleine Mißhelligkeiten gab es ja auch unter uns, und haben nicht eben diese unsere Freundschaft mehr befestigt?) eine sichere Summe von 600 Fl. ausgeworfen, die ich, solange ich keine für mich passende Anstellung finde, ziehen kann; meine Kompositionen tragen mir viel ein, und ich kann sagen, daß ich mehr Bestellungen habe, als fast möglich ist, daß ich befriedigen kann. Auch habe ich auf jede Sache sechs, sieben Verleger, und noch mehr, wenn ich mir's angelegen sein lassen will: man akkordiert nicht mehr mit mir, ich fordere und man zahlt. Du siehst, daß es eine hübsche Lage ist, z.B. ich sehe einen Freund in Not, und mein Beutel leidet eben nicht, ihm gleich zu helfen, so darf ich mich nur hinsetzen und in kurzer Zeit ist ihm geholfen. – Auch bin ich ökonomischer, als sonst; sollte ich immer hier bleiben, so bringe ich's auch sicher dahin, daß ich jährlich immer einen Tag zur Akademie erhalte, deren ich einige gegeben. Nur hat der neidische Dämon, meine schlimme Gesundheit, mir einen schlechten Stein ins Brett geworfen, nämlich: mein Gehör ist seit drei Jahren immer schwächer geworden und zu diesem Gebrechen soll mein Unterleib, der schon damals, wie Du weißt, elend war, hier aber sich verschlimmert hat, indem ich beständig mit einem Durchfall behaftet war, und mit einer dadurch außerordentlichen Schwäche, die erste Veranlassung gegeben haben. Frank[1] wollte meinem Leibe den Ton wiedergeben durch stärkende Medizinen, und meinem Gehör durch Mandelöl, aber prosit! daraus ward nichts, mein Gehör ward immer schlechter und mein Unterleib blieb immer in seiner vorigen Verfassung; das dauerte bis voriges Jahr im Herbst, wo ich manchmal in Verzweiflung war. Da riet mir ein medizinischer Asinus das kalte Bad für meinen Zustand, ein Gescheiterer das gewöhnliche lauwarme Donaubad; das tat Wunder; mein Bauch ward besser, mein Gehör blieb, oder ward noch schlechter. Diesen Winter ging's mir wirklich elend; da hatte ich wirklich schreckliche Koliken und ich sank wieder ganz in meinen vorigen Zustand zurück, und so blieb's bis vor ungefähr vier Wochen, wo ich zu Vering[2] ging, indem ich dachte, daß dieser Zustand zugleich auch einen Wundarzt erfordere, und ohnedem hatte ich immer Vertrauen zu ihm. Ihm gelang es nun fast gänzlich, diesen heftigen Durchfall zu hemmen; er verordnete mir das laue Donaubad, wo ich jedesmal noch ein Fläschchen stärkender Sachen hineingießen mußte, gab mir gar keine Medizin, bis vor ungefähr vier Tagen Pillen für den Magen und einen Tee fürs Ohr, und darauf kann ich sagen, befinde ich mich stärker und besser; nur meine Ohren, die sausen und brausen Tag und Nacht fort. Ich kann sagen, ich bringe mein Leben elend zu, seit zwei Jahren fast meide ich alle Gesellschaften, weil's mir nicht möglich ist den Leuten zu sagen: Ich bin taub. Hätte ich irgendein anderes Fach, so ging's noch eher, aber in meinem Fache ist das ein schrecklicher Zustand; dabei meine Feinde, deren Zahl nicht gering ist, was würden diese hierzu sagen! – Um Dir einen Begriff von dieser wunderbaren Taubheit zu geben, so sage ich Dir, daß ich mich im Theater ganz dicht am Orchester anlehnen muß, um den Schauspieler zu verstehen. Die hohen Töne von Instrumenten, Singstimmen, wenn ich etwas weit weg bin, höre ich nicht; im Sprechen ist es zu verwundern, daß es Leute gibt, die es niemals merkten; da ich meistens Zerstreuungen hatte, so hält man es dafür. Manchmal auch hör' ich den Redenden, der leise spricht, kaum, ja die Töne wohl, aber die Worte nicht; und doch sobald jemand schreit, ist es mir unausstehlich. Was es nun werden wird, das weiß der liebe Himmel. Vering sagt, daß es gewiß besser werden wird, wenn auch nicht ganz. Ich habe schon oft den Schöpfer und mein Dasein verflucht; Plutarch hat mich zu der Resignation geführt. Ich will, wenn's anders möglich ist, meinem Schicksale trotzen, obschon es Augenblicke meines Lebens geben wird, wo ich das unglücklichste Geschöpf Gottes sein werde. Ich bitte Dich, von diesem meinem Zustande niemanden, auch nicht einmal der Lorchen[3] etwas zu sagen, nur als Geheimnis vertrau' ich Dir's an; lieb wäre mir's, wenn Du einmal mit Vering darüber briefwechseltest. Sollte mein Zustand fortdauern, so komme ich künftiges Frühjahr zu Dir; Du mietest mir irgendwo in einer schönen Gegend ein Haus auf dem Lande, und dann will ich ein halbes Jahr ein Bauer werden. Vielleicht wird's dadurch geändert. Resignation! welches elende Zufluchtsmittel, und mir bleibt es doch das einzig übrige. Du verzeihst mir doch, daß ich Dir in Deiner ohnedem trüben Lage noch auch diese freundschaftliche Sorge aufbinde. Steffen Breuning ist nun hier und wir sind fast täglich zusammen; es tut mir so wohl, die alten Gefühle wieder hervorzurufen. Er ist wirklich ein guter, herrlicher Junge geworden, der was weiß, und das Herz, wie wir alle mehr oder weniger, auf dem rechten Fleck hat. Ich habe eine sehr schöne Wohnung jetzt, welche auf die Bastei geht und für meine Gesundheit doppelten Wert hat. Ich glaube wohl, daß ich es werde möglich machen können, daß Breuning zu mir komme. Deinen Antiochum sollst Du haben, und auch noch recht viele Musikalien von mir, wenn Du anders nicht glaubst, daß es Dich zuviel kostet. Aufrichtig, Deine Kunstliebe freut mich doch noch sehr. Schreibe mir nur, wie es zu machen ist, so will ich Dir alle meine Werke schicken, das nun freilich eine hübsche Anzahl ist und die sich täglich vermehrt. – Statt des Porträts meines Großvaters, welches ich Dich bitte, mir sobald als möglich mit dem

Postwagen zu schicken, schicke ich Dir das seines Enkels, Deines Dir immer guten und herzlichen Beethoven, welches hier bei Artaria[4], die mich hier darum oft ersuchten, sowie viele andere, auch auswärtige Kunsthandlungen, herauskommt. – Stoffel[5] will ich nächstens schreiben und ihm ein wenig den Text lesen über seine störrige Laune. – Ich will ihm die alte Freundschaft recht ins Ohr schreien, er soll mir heilig versprechen, euch in euren ohnedem trüben Umständen nicht noch mehr zu kränken. Auch der guten Lorchen will ich schreiben. Nie habe ich auch einen unter euch lieben Guten vergessen, wenn ich auch gar nichts von mir hören ließ: aber Schreiben, das weißt Du, war nie meine Sache: auch die besten Freunde haben jahrelang keine Briefe von mir erhalten. Ich lebe nur in meinen Noten, und ist das eine kaum da, so ist das andere schon angefangen. Sowie ich jetzt schreibe, mache ich oft drei, vier Sachen zugleich. – Schreibe mir jetzt öfter; ich will schon Sorge tragen, daß ich Zeit finde, Dir zuweilen zu schreiben [...] – Wegen Ries, den mir herzlichst grüße, was seinen Sohn anbelangt, will ich Dir näher schreiben, obschon ich glaube, daß, um sein Glück zu machen, Paris besser als Wien sei; Wien ist überschüttet mit Leuten, und selbst dem besseren Verdienst fällt es dadurch hart, sich zu halten. Bis den Herbst oder bis zum Winter werde ich sehen, was ich für ihn tun kann, weil dann alles wieder in die Stadt eilt. – Leb wohl, guter, treuer Wegeler! Sei versichert von der Liebe und Freundschaft

Deines Beethoven.

12. An die »Unsterbliche Geliebte«[1].

Am 6. Juli, morgens.
[6.-7. Juli 1801.]

Mein Engel, mein Alles, mein Ich. – Nur einige Worte heute, und zwar mit Bleistift (mit Deinem) –; erst bis morgen ist meine Wohnung sicher bestimmt; welcher nichtswürdige Zeitverderb in d. g.! – Warum dieser tiefe Gram, wo die Notwendigkeit spricht? kann unsere Liebe anders bestehen als durch Aufopferungen, durch Nicht-alles-verlangen? kannst Du es ändern, daß Du nicht ganz mein, ich nicht ganz Dein bin? – Ach Gott, blick' in die schöne Natur und beruhige Dein Gemüt über das Müssende; – die Liebe fordert alles und ganz mit Recht, so ist es mir mit Dir, Dir mit mir. – Nur vergißt Du so leicht, daß ich für mich und für Dich leben muß; – wären wir ganz vereinigt, Du würdest dieses Schmerzliche ebensowenig als ich empfinden. – Meine Reise war schrecklich. – Ich kam erst morgens 4 Uhr gestern hier an; da es an Pferde mangelte, wählte die Post eine andere Reiseroute; aber welch schrecklicher Weg; auf der vorletzten Station warnte man mich, bei Nacht zu fahren, – machte mich einen Wald fürchten, aber das reizte mich nur, und ich hatte unrecht, der Wagen mußte bei dem schrecklichen Wege brechen, grundlos, bloßer Landweg; ohne solche Postillione, wie ich hatte, wäre ich liegen geblieben unterwegs. – Esterhazy[2] hatte auf dem anderen gewöhnlichen Wege hierhin dasselbe Schicksal mit acht Pferden, was ich mit vier. – Jedoch hatte ich zum Teil wieder Vergnügen, wie immer, wenn ich was glücklich überstehe. – Nun geschwind zum Inneren vom Äußeren. Wir werden uns wohl bald sehen, auch heute kann ich Dir meine Bemerkungen nicht mitteilen, welche ich während dieser einigen Tage über mein Leben machte. – Wären unsere Herzen immer dicht aneinander, ich machte wohl keine d. g. Die Brust ist voll, Dir viel zu sagen; – ach – es gibt Momente, wo ich finde, daß die Sprache noch gar nichts ist. – Erheitere Dich – bleibe mein treuer, einziger Schatz, mein alles, wie ich Dir; das übrige müssen die Götter schicken, was für uns sein muß und sein soll. –

Dein treuer Ludwig.

Abends Montags am 6. Juli.

Du leidest, Du mein teuerstes Wesen. – Eben jetzt nehme ich wahr, daß die Briefe in aller Frühe aufgegeben werden müssen. Montags – Donnerstags – die einzigen Tage, wo die Post von hier nach K. geht. – Du leidest. – Ach, wo ich bin, bist Du mit mir; mit mir und Dir rede ich, mache, daß ich mit Dir leben kann; welches Leben!!!! so!!!! ohne Dich – verfolgt von der Güte der Menschen hier und da, die ich meine – ebensowenig verdienen zu wollen als sie zu verdie-

Der junge Beethoven

nen. – Demut des Menschen gegen den Menschen – sie schmerzt mich. Und wenn ich mich im Zusammenhang des Universums betrachte, was bin ich und was ist der – den man den Größten nennt? – Und doch – ist wieder hierin das Göttliche des Menschen. – Ich weine, wenn ich denke, daß Du erst wahrscheinlich Sonnabends die erste Nachricht von mir erhältst. – Wie Du mich auch liebst – stärker liebe ich Dich doch. – Doch nie verberge Dich vor mir – gute Nacht. – Als Badender muß ich schlafen gehen. Ach Gott – so nah! so weit! ist es nicht ein wahres Himmelsgebäude, unsere Liebe – aber auch so fest, wie die Veste des Himmels! –

Guten Morgen am 7. Juli –

Schon im Bette drängen sich die Ideen zu Dir, meine unsterbliche Geliebte, hier und da freudig, dann wieder traurig, vom Schicksal abwartend, ob es uns erhört. – Leben kann ich entweder nur ganz mit Dir oder gar nicht; ja ich habe beschlossen, in der Ferne so lange herumzuirren, bis ich in Deine Arme fliegen kann und mich ganz heimatlich bei Dir nennen kann, meine Seele von Dir umgeben ins Reich der Geister schicken kann. – Ja leider muß es sein. – Du wirst Dich fassen, um so mehr, da Du meine Treue gegen Dich kennst, nie eine andere kann mein Herz besitzen, nie – nie! – O Gott, warum sich entfernen müssen, was man so liebt; und doch ist mein Leben in V. so wie jetzt ein kümmerliches Leben. – Deine Liebe machte mich zum Glücklichsten und zum Unglücklichsten zugleich. – In meinen Jahren jetzt bedürfte ich einiger Einförmigkeit, Gleichheit des Lebens; – kann diese bei unserem Verhältnisse bestehen? – Engel, eben erfahre ich, daß die Post alle Tage abgeht, – und ich muß daher schließen, damit Du den B. gleich erhältst. – Sei ruhig, – nur durch ruhiges Beschauen unseres Daseins können wir unseren Zweck, zusammenzuleben, erreichen. – Sei ruhig, – liebe mich. – Heute – gestern – Welche Sehnsucht mit Tränen nach Dir – Dir – Dir – mein Leben – mein Alles, – leb' wohl – o liebe mich fort – verkenne nie das treueste Herz Deines Geliebten

L.

ewig Dein
ewig mein
ewig uns.

13. An Franz Wegeler.

Wien, 16. November [1801].

Mein guter Wegeler! Ich danke Dir für den neuen Beweis Deiner Sorgfalt um mich, um so mehr, da ich es so wenig um Dich verdiene. – Du willst wissen, wie es mir geht, was ich brauche; so ungern ich mich von dem Gegenstande überhaupt unterhalte, so tue ich es doch noch am liebsten mit Dir.

Vering läßt mich nun schon seit einigen Monaten immer Vesikatorien auf beide Arme legen, welche aus einer gewissen Rinde, wie Du wissen wirst, bestehen. – Das ist nun eine höchst unangenehme Kur, indem ich immer ein paar Tage des freien Gebrauchs (ehe die Rinde genug gezogen hat) meiner Arme beraubt bin, ohne der Schmerzen zu gedenken; es ist nun wahr, ich kann es nicht leugnen, das Sausen und Brausen ist etwas schwächer, als sonst, besonders am linken Ohre, mit welchem eigentlich meine Gehörkrankheit angefangen hat, aber mein Gehör ist gewiß um nichts noch gebessert; ich wage es nicht zu bestimmen, ob es nicht eher schwächer geworden. – Mit meinem Unterleibe geht's besser; besonders wenn ich einige Tage das lauwarme Bad brauche, befinde ich mich acht, auch zehn Tage ziemlich wohl; sehr selten einmal etwas Stärkendes für den Magen; mit den Kräutern auf den Bauch fange ich jetzt auch nach Deinem Rate an. – Von Sturzbädern will Vering nichts wissen; überhaupt aber bin ich mit ihm sehr unzufrieden; er hat gar zu wenig Sorge und Nachsicht für so eine Krankheit; komme ich nicht einmal zu ihm, und das geschieht auch mit viel Mühe, so würde ich ihn nie sehen. – Was hältst Du von Schmidt[1]? Ich wechsle zwar nicht gern, doch scheint mir, Vering ist zu sehr Praktiker, als daß er sich viel neue Ideen durchs Lesen verschaffte. – Schmidt scheint mir hierin ein ganz anderer Mensch zu sein und würde vielleicht auch nicht gar so nachlässig sein. – Man spricht Wunder vom Galvanism; was sagst Du dazu? Ein Mediziner sagte mir, er habe ein taubstummes Kind sehen sein Gehör wiedererlangen (in Berlin) und einen Mann, der ebenfalls sieben Jahre taub gewesen und sein Gehör wiedererlangt habe. – Ich höre eben, Dein Schmidt macht hiermit Versuche. –

Etwas angenehmer lebe ich jetzt wieder, indem ich mich mehr unter Menschen gemacht. Du kannst es kaum glauben, wie öde, wie traurig ich mein Leben seit zwei Jahren zugebracht; wie ein Gespenst ist mir mein schwaches Gehör überall erschienen, und ich floh die Menschen, mußte Misanthrop scheinen und bin's doch so wenig. – Diese Veränderung hat ein liebes, zauberisches Mädchen hervorgebracht, die mich liebt, und die ich liebe; es sind seit zwei Jahren wieder einige selige Augenblicke, und es ist das erstemal, daß ich fühle, daß Heiraten glücklich machen könnte; leider ist sie nicht von meinem Stande – und jetzt – könnte ich nun freilich nicht heiraten; – ich muß mich nun noch wacker herumtummeln. Wäre mein Gehör nicht, ich wäre nun schon längst die halbe Welt durchgereiset und das muß ich. – Für mich gibt es kein größeres Vergnügen, als meine Kunst zu treiben und zu zeigen. – Glaub'nicht, daß ich bei euch glücklich sein würde. Was sollte mich auch glücklicher machen? Selbst eure Sorgfalt würde mir wehe tun, ich würde jeden Augenblick das Mitleiden auf euern Gesichtern lesen und würde mich nur noch unglücklicher finden. – Jene schönen vaterländischen Gegenden, was war mir in ihnen beschieden? Nichts, als die Hoffnung auf einen besseren Zustand; er wäre mir nun geworden – ohne dieses Übel! O die Welt wollte ich umspannen von diesem frei! Meine Jugend, ja ich fühle es, sie fängt erst jetzt an; war ich nicht immer ein siecher Mensch? Meine körperliche Kraft nimmt seit einiger Zeit mehr als jemals zu und so meine Geisteskräfte. Jeden Tag gelange ich mehr zu dem Ziel, was ich fühle, aber nicht beschreiben kann. Nur hierin kann Dein Beethoven leben. Nichts von Ruhe! – Ich weiß von keiner anderen, als dem Schlaf, und wehe genug tut mir's, daß ich ihm jetzt mehr schenken muß, als sonst. Nur halbe Befreiung von meinem Übel, und dann – als vollendeter, reifer Mann, komme ich zu Euch, erneuere die alten Freundschaftsgefühle. So glücklich, als es mir hienieden beschieden ist, sollt Ihr mich sehen, nicht unglücklich. – Nein, das könnte ich nicht ertragen, ich will dem Schicksal in den Rachen greifen; ganz niederbeugen soll es mich gewiß nicht. – O es ist so schön, das Leben, tausendmal leben! – Für ein stilles Leben, nein, ich fühl's, ich bin nicht mehr dafür gemacht. – Du schreibst mir doch sobald als möglich. – Sorget, daß der Steffen sich bestimmt, sich irgendwo im deutschen Orden anstellen zu lassen. Das Leben hier ist für seine Gesundheit mit zuviel Strapazen verbunden. Noch obendrein führt er ein so isoliertes Leben, daß ich gar nicht sehe, wie er so weiter kommen will. Du weißt, wie das hier ist; ich will nicht einmal sagen, daß Gesellschaft seine Abspannung vermindern würde; man kann ihn auch nirgends hinzugehen überreden. – Ich habe einmal bei mir vor einiger Zeit Musik gehabt wo ausgesuchte Gesellschaft war; unser Freund Steffen blieb doch aus. – Empfehle ihm doch mehr Ruhe und Gelassenheit, ich habe auch schon alles angewendet; ohne das kann er nie weder glücklich noch gesund sein. – Schreib' mir nun im nächsten Briefe, ob's nichts macht, wenn's recht viel ist, was ich Dir von meiner Musik schicke; Du kannst zwar das, was Du nicht brauchst, wieder verkaufen, und so hast Du Dein Postgeld – mein Porträt auch. – Alles mögliche Schöne und Verbindliche an die Lorchen – auch die Mama – auch Christoph. – Du liebst mich doch ein wenig? Sei sowohl von dieser als auch von der Freundschaft überzeugt Deines

Beethoven.

14. An Franz Hofmeister[1].

Wien, 8. April 1802.

Reit Euch denn der Teufel insgesamt meine Herren – mir vorzuschlagen eine solche Sonate[2] zu machen? – Zur Zeit des Revolutionsfiebers – nun da wäre das so etwas gewesen, aber jetzt da sich alles wieder ins alte Geleis zu schieben sucht, Bonaparte mit dem Papste das Konkordat geschlossen – so eine Sonate? – Wär's noch eine Missa pro sancta Maria à tre voci oder eine Vesper usw. – nun da wollt ich gleich den Pinsel in die Hand nehmen und mit großen Pfundnoten ein Credo in unum hinschreiben, – aber du lieber Gott eine solche Sonate zu diesen neu angehenden christlichen Zeiten – hoho! – da laßt mich aus, da wird nichts daraus.

Nun im geschwindesten Tempo meine Antwort. Die Dame kann eine Sonate von mir haben, auch will ich in *ästhetischer* Hinsicht im allgemeinen ihren Plan befolgen – und ohne die Tonarten zu befolgen. – Den Preis um 5 Duk. – dafür kann sie dieselbe ein Jahr für sich zu ihrem Genuß behalten, ohne daß weder ich noch sie dieselbe herausgeben darf. Nach dem Verlauf dieses Jahres ist die Sonate nur mein zu – d. h. ich kann und werde sie herausgeben, und sie kann sich allenfalls, wenn sie glaubt darin eine Ehre zu finden, sich ausbitten, daß ich ihr dieselbe widme.

15. Testament.

Für meine Brüder Carl und [Johann][1] Beethoven.

O ihr Menschen, die ihr mich für feindselig, störrisch oder misanthropisch haltet oder erkläret, wie unrecht tut ihr mir, ihr wißt nicht die geheime Ursache von dem, was euch so scheinet. Mein Herz und mein Sinn waren von Kindheit an für das zarte Gefühl des Wohlwollens, selbst große Handlungen zu verrichten, dazu war ich immer aufgelegt. Aber bedenket nur, daß seit sechs Jahren ein heilloser Zustand mich befallen, durch unvernünftige Ärzte verschlimmert, von Jahr zu Jahr in der Hoffnung gebessert zu werden, betrogen, endlich zu dem Überblick eines *dauernden Übels* (dessen Heilung vielleicht Jahre dauern oder gar unmöglich ist) gezwungen, mit einem feurigen lebhaften Temperamente geboren, selbst empfänglich für die Zerstreuungen der Gesellschaft, mußte ich früh mich absondern, einsam mein Leben zubringen; wollte ich auch zuweilen mich einmal über alles das hinaussetzen, o wie hart wurde ich durch die verdoppelte traurige Erfahrung meines schlechten Gehörs dann zurückgestoßen, und doch war's mir noch nicht möglich den Menschen zu sagen: Sprecht lauter, schreit, denn ich bin taub; ach wie wär es möglich, daß ich dann die Schwäche eines Sinnes angeben sollte, der bei mir in einem vollkommenern Grade als bei andern sein sollte, einen Sinn, den ich einst in der größten Vollkommenheit besaß, in einer Vollkommenheit, wie ihn wenige von meinem Fache gewiß haben noch gehabt haben. – O ich kann es nicht, drum verzeiht, wenn ihr mich da zurückweichen sehen werdet, wo ich mich gerne unter euch mischte, doppelt wehe tut mir mein Unglück, indem ich dabei verkannt werden muß; für mich darf Erholung in menschlicher Gesellschaft, feinere Unterredungen, wechselseitige Ergießungen nicht statthaben, ganz allein fast nur soviel als es die höchste Notwendigkeit fordert, darf ich mich in Gesellschaft einlassen, wie ein Verbannter muß ich leben: nahe ich mich einer Gesellschaft, so überfällt mich eine heiße Ängstlichkeit, indem ich befürchte in Gefahr gesetzt zu werden, meinen Zustand merken zu lassen. – So war es denn auch dieses halbe Jahr, was ich auf dem

Lande zubrachte; von meinem vernünftigen Arzte aufgefordert, soviel als möglich mein Gehör zu schonen, kam er fast meiner jetzigen natürlichen Disposition entgegen, obschon, vom Triebe zur Gesellschaft manchmal hingerissen, ich mich dazu verleiten ließ. Aber welche Demütigung, wenn jemand neben mir stund und von weitem eine Flöte hörte und ich nichts hörte oder jemand den Hirten singen hörte, und ich auch nichts hörte; solche Ereignisse brachten mich nahe an Verzweiflung, es fehlte wenig, und ich endigte selbst mein Leben. – Nur sie, die *Kunst*, sie hielt mich zurück, ach es dünkte mir unmöglich, die Welt eher zu verlassen, bis ich das alles hervorgebracht, wozu ich mich aufgelegt fühlte, und so fristete ich dieses elende Leben – wahrhaft elend, einen so reizbaren Körper, daß eine etwas schnelle Veränderung mich aus dem besten Zustande in den schlechtesten versetzen kann. – *Geduld* – so heißt es, sie muß ich nun zur Führerin wählen; ich habe es. – Dauernd, hoffe ich, soll mein Entschluß sein, auszuharren, bis es den unerbittlichen Parzen gefällt, den Faden zu brechen; vielleicht geht's besser, vielleicht nicht; ich bin gefaßt. – Schon in meinem 28. Jahre gezwungen Philosoph zu werden, es ist nicht leicht; für den Künstler schwerer als für irgend jemand. Gottheit! du siehst herab auf mein Inneres, du kennst es, du weißt, daß Menschenliebe und Neigung zum Wohltun drin hausen. O Menschen, wenn ihr einst dieses leset, so denkt, daß ihr mir unrecht getan, und der Unglückliche, er tröste sich, einen seinesgleichen zu finden, der trotz allen Hindernissen der Natur, doch noch alles getan, was in seinem Vermögen stand, um in die Reihe würdiger Künstler und Menschen aufgenommen zu werden. – Ihr meine Brüder Carl und [Johann], sobald ich tot bin und Professor Schmidt lebt noch, so bittet ihn in meinem Namen, daß er meine Krankheit beschreibe, und dieses hier geschriebene Blatt füget Ihr dieser meiner Krankengeschichte bei, damit wenigstens soviel als möglich die Welt nach meinem Tode mit mir versöhnt werde. – Zugleich erkläre ich Euch beide hier für die Erben des kleinen Vermögens (wenn man es so nennen kann), von mir, teilt es redlich, und vertragt und helft Euch einander; was Ihr mir zuwider getan, das wißt Ihr, war Euch schon längst verziehen; Dir Bruder

Carl danke ich noch insbesondere für Deine in dieser letzteren späteren Zeit mir bewiesene Anhänglichkeit; mein Wunsch ist, daß Euch ein besseres sorgenloseres Leben, als mir, werde, empfehlt Euren Kindern *Tugend*, sie nur allein kann glücklich machen, nicht Geld, ich spreche aus Erfahrung; sie war es, die mich selbst im Elende gehoben, ihr danke ich nebst meiner Kunst, daß ich durch keinen Selbstmord mein Leben endigte. – Lebt wohl und liebt Euch, – allen Freunden danke ich, besonders Fürst Lichnowsky und Professor Schmidt. – Die Instrumente von Fürst L. wünsche ich, daß sie doch mögen aufbewahrt werden bei einem von Euch, doch entstehe deswegen kein Streit unter Euch; sobald sie Euch aber zu was Nützlicherem dienen können, so verkauft sie nur, wie froh bin ich, wenn ich auch noch unter meinem Grabe Euch nützen kann. – So wär's geschehen – mit Freuden eil' ich dem Tode entgegen; – kömmt er früher als ich Gelegenheit gehabt habe, noch alle meine Kunstfähigkeiten zu entfalten, so wird er mir trotz meinem harten Schicksal doch noch zu frühe kommen, und ich würde ihn wohl später wünschen. – Doch auch dann bin ich zufrieden, befreit er mich nicht von einem endlosen leidenden Zustande? – Komm, wann du willst, ich gehe dir mutig entgegen. – Lebt wohl und vergeßt mich nicht ganz im Tode, ich habe es um Euch verdient, indem ich in meinem Leben oft an Euch gedacht, Euch glücklich zu machen; seid es. –   Ludwig van Beethoven.

Heiligenstadt am 6ten Oktober 1802.   [Siegel]

Für meine Brüder Carl und [Johann] nach meinem Tode zu lesen und zu vollziehen.

Heiligenstadt, am 10ten Oktober 1802. – So nehme ich den Abschied von Dir – und zwar traurig. – Ja die geliebte Hoffnung, – die ich mit hierher nahm, wenigstens bis zu einem gewissen Punkt geheilet zu sein, – sie muß mich nun gänzlich verlassen; wie die Blätter des Herbstes herabfallen, gewelkt sind, so ist – auch sie für mich dürr geworden; fast wie ich hierher kam – gehe ich fort. – Selbst der hohe Mut, – der mich oft in den schönen Sommertägen beseelte, – er ist verschwunden. – O Vorsehung – laß einmal einen reinen Tag der Freude mir erscheinen! – Solange schon ist der wahren Freude inniger Widerhall mir fremd. – O wann – o wann, o Gottheit – kann ich im Tempel der Natur und der Menschen ihn wieder fühlen? – Nie? nein! – o es wäre zu hart.

16. Anzeige.

20. Oktober 1802.

Ich glaube es dem Publikum und mir selber schuldig zu sein öffentlich anzuzeigen, daß die beiden Quintetten aus C- und Es-Dur, wovon das eine (ausgezogen aus einer Sinfonie von mir) bei Herrn Mollo in Wien, das andere (ausgezogen aus dem Septett von mir Op. 20) bei Herrn Hofmeister in Leipzig erschienen ist, nicht Originalquintetten, sondern nur Übersetzungen sind, welche die Herren Verleger veranstaltet haben. – Das Übersetzen überhaupt ist eine Sache, wogegen sich heutzutage (in unserem fruchtbaren Zeitalter – der Übersetzungen) ein Autor nur umsonst sträuben würde; aber man kann wenigstens mit Recht fordern, daß die Verleger es auf dem Titelblatte anzeigen, damit die Ehre des Autors nicht geschmälert und das Publikum nicht hintergangen werde. – Dies um dergleichen Fällen in Zukunft vorzubeugen. – Ich mache zugleich bekannt, daß ehestens ein neues Originalquintett von meiner Komposition aus C-Dur Op. 29 bei Breitkopf und Härtel in Leipzig erscheinen wird. Ludwig van Beethoven.

17. An Gottlieb Wiedebein[1].

Baden, 6. Juli 1804.

Es freut mich, daß Sie, mein Herr, ein Zutrauen zu mir gefaßt, obschon ich bedaure, Ihnen nicht ganz mit Hilfe entgegen kommen zu können. So leicht Sie sich vorstellen, sich hier durchbringen zu können, so würde es doch immer schwer halten, indem Wien angefüllt ist mit Meistern, die sich vom Lektiongeben nähren. Wäre es jedoch gewiß, daß ich meinen Aufenthalt hier behielte, so wollte ich

31

Sie auf Glück hierher kommen lassen. Da ich aber wahrscheinlich den künftigen Winter schon von hier reise, so würde ich selbst alsdann nichts mehr für Sie tun können. Auf das Ohngefähr eine Stelle auszuschlagen, kann ich Ihnen unmöglich raten, indem ich Ihnen dafür keinen Ersatz versprechen kann. Daß man sich aber nicht auch einigermaßen in Braunschweig sollte bilden können, scheint mir eine etwas überspannte Meinung zu sein; ohne mich im mindesten Ihnen als ein Muster vorstellen zu wollen, kann ich Ihnen versichern, daß ich in einem kleinen unbedeutenden Ort gelebt und – fast alles, was ich sowohl dort als hier geworden bin, nur durch mich selbst geworden bin. Dieses Ihnen nur zum Trost, falls Sie das Bedürfnis fühlen, in der Kunst weiter zu kommen. Ihre Variationen zeugen von Anlage, doch setze ich dran aus, daß Sie das Thema verändert haben, warum das? Was der Mensch lieb hat, muß man ihm nicht nehmen; auch heißt das verändern, ehe man noch Variationen gemacht hat. – Sollte ich sonst imstande sein, etwas für Sie zu tun, so werden Sie, wie in allen solchen Fällen, mich auch für Sie bereitwillig finden.

Ihr ergebenster Ludwig van Beethoven.

18. An Willibrord Joseph Mähler[1].

[1804.]

Lieber Mähler! Ich bitte Sie recht sehr, sobald als Sie mein Porträt genug gebraucht haben, mir es alsdann wieder zuzustellen. Ist es, daß Sie dessen noch bedürfen, so bitte ich Sie wenigstens um Beschleunigung hierin. Ich habe das Porträt einer fremden Dame, die dasselbe bei mir sah, versprochen, während ihres Aufenthalts von einigen Wochen hier in ihr Zimmer zu geben; wer kann solchen reizenden Anforderungen widerstehen, versteht sich, daß ein Teil von allen den schönen Gnaden, die dadurch auf mich herabfallen, auch Ihrer nicht vergessen wird.

Ganz Ihr Bthvn.

19. An Josephine Gräfin Deym[1].

[1805.]

Damit das Liebste – was für mich auf der Welt ist – auch nicht einen Gedanken an mich fruchtlos haben soll – sage ich, daß – ich diesen Abend unsichtbar bleiben muß – mein teurer L. geht morgen fort – trotz manchen Unebenheiten, die sich auf dem Wege dieser Freundschaft finden, fühle ich es doch beim Weggehen, wie lieb er mir ist – und wie viel ich ihm zu danken habe – [...] Morgen abend sehe ich die teure geliebte J. – sagen Sie es ihr, daß sie mir über alles lieb und wert ist – [...] Leb wohl, Engel – meines Herzens – meines Lebens. –

20. Skizzenblatt.

[1806.]

Ebenso wie du dich hier in den Strudel der Gesellschaft stürzest, ebenso möglich ist's, Opern trotz allen gesellschaftlichen Hindernissen zu schreiben. Kein Geheimnis sei dein Nichthören mehr – auch bei der Kunst.

21. Auf Skizzen zur Pastoral-Symphonie.

[1807.]

Man überläßt es dem Zuhörer, die Situationen auszufinden. Sinfonia caracteristica – oder eine Erinnerung an das Landleben. Jede Malerei, nachdem sie in der Instrumentalmusik zu weit getrieben, verliert. – Sinfonia pastorella. Wer auch nur je eine Idee vom Landleben erhalten, kann sich ohne viele Überschriften selbst denken, was der Autor will. Auch ohne Beschreibung wird man das Ganze, welches mehr Empfindung als Tongemälde, erkennen.

Pastoralsinfonie keine Malerei, sondern worin die Empfindungen ausgedrückt sind, welche der Genuß des Landes im Menschen hervorbringt, wobei einige Gefühle des Landlebens geschildert werden.

22. An Josephine Gräfin Deym.

Heiglnstadt, am 20. September [1807?].

Liebe, geliebte, einzige J.! – Auch wieder nur einige Zeilen von Ihnen machen mir große Freude – Wie oft habe ich, geliebte J., mit mir selbst gekämpft, um das Verbot, welches ich mir auferlegte, nicht zu überschreiten – aber es ist vergebens, tausend Stimmen flüstern mir immer zu, daß Sie meine einzige Freundin, meine einzige Geliebte sind – ich vermag es nicht mehr zu halten, was ich mir selbst auferlegt, o liebe J., lassen Sie uns unbekümmert auf jenem Wege wandeln, worauf wir oft so glücklich waren – Morgen oder übermorgen sehe ich Sie, möge der Himmel mir eine ungestörte Stunde bescheren, wo ich mit Ihnen bin, um einmal die langentbehrte Unterredung zu haben, wo einmal wieder mein Herz und meine Seele Ihnen wieder begegnen kann – [...] Anfangs September ging ich nach Heiligenstadt, das mir aber nicht wohl bekommen wollte, mußte wieder in die Stadt, dann war ich unten in Eisenstadt bei Fürst Esterhazy, wo man meine Messe aufführte – wo ich vor einigen Tagen wieder zurückgekommen, kaum war ich einen Tag wieder in Wien angelangt, so war ich 2mal bei Ihnen – konnte aber nicht so glücklich sein, Sie zu sehen – Es tat mir wehe – und ich vermutete, daß Ihre Gesinnungen vielleicht sich geändert – doch hoffe ich noch – Auch unten in E. und wo immer verfolgte mich Ihr Bild immer – da ist mein ganzer Lebenslauf – Meine Gesundheit wird täglich besser, und so hoffe ich, bald wieder mehr für meine Freunde leben zu können – Vergessen Sie nicht – verdammen Sie nicht

Ihren
Ihnen ewig
treu
ergebnen
Beethoven

23. An Josephine Gräfin Deym.

[1807.]

Liebe J., da ich beinahe fürchten muß, daß Sie sich von mir gar nicht mehr finden lassen – und ich mich den Abweisungen Ihres Bedienten nicht mehr unterziehen mag, so kann ich wohl nicht anders mehr zu Ihnen kommen – als wenn Sie mir hierüber Ihre Meinung offenbaren – Ist es wirklich an dem – daß Sie mich nicht mehr sehen wollen – so – gebrauchen Sie Offenherzigkeit – ich verdiene sie gewiß um Sie – als ich mich von Ihnen entfernte, glaubte ich dieses zu müssen, da es mir vorkam, als wünschten Sie dieses – Obschon ich nicht wenig gelitten hierdurch –, so bemeisterte ich mich meiner doch – doch kam es mir später wieder vor als – irrte ich mich in Ihnen – Das übrige enthält alles mein Ihnen vor kurzem überschickter Brief – Sagen Sie, liebe J. – mir Ihre Meinung, nichts soll Sie binden – ich kann und darf wohl in diesen Verhältnissen nichts mehr zu Ihnen sagen – Leben Sie wohl

liebe liebe J. –

24. An Josephine Gräfin Deym.

[Ende 1807]

[...] Ich danke Ihnen, daß Sie noch scheinen wollen, als wäre ich nicht ganz aus Ihrem Andenken verbannt [...] sie wollen, ich soll Ihnen sagen, wie es mir geht, eine schwerere Frage kann man mir nicht aufwerfen – und ich will sie lieber unbeantwortet lassen als – sie zu wahr beantworten – leben Sie wohl liebe J.

wie immer
Ihr Ihnen
ewig ergebner
Beethoven

25. An Marie Bigot[1].

[1808.]

Meine liebe, verehrte Marie! Das Wetter ist so göttlich schön – und wer weiß, ob's morgen so ist? Ich schlage Ihnen daher vor, Sie gegen 12 Uhr heute mittags zu einer Spazierfahrt abzuholen. Da Bigot[2] vermutlich schon aus ist, so können wir ihn freilich nicht mitnehmen – aber deswegen es ganz zu unterlassen, das fordert Bigot selbst gewiß nicht. – Nur die Vormittage sind jetzt am schönsten. Warum

den Augenblick nicht ergreifen, da er so schnell verfliegt! – Es wäre
der so aufgeklärten und gebildeten Marie ganz entgegen, wenn sie
bloßen Skrupeln zu Gefallen mir das größte Vergnügen rauben
wollte. O, was für Ursachen Sie auch anführen werden, wenn Sie
meinen Vorschlag nicht annehmen, so werde ich es nichts anderes als
dem wenigen Zutrauen, was Sie in meinen Charakter setzen, zuschreiben – und werde nie glauben, daß Sie wahre Freundschaft für
mich hegen. – Karoline wickeln Sie ein in Windeln von Kopf bis zu
Füßen, damit ihr nichts geschehe. – Antworten Sie mir, meine liebe
M., ob Sie können – ich frage nicht, ob Sie wollen, – weil das letztere
nur von mir zu meinem Nachteile wird erklärt werden; – schreiben
Sie also nur in zwei Worten, ja oder nein. Leben Sie wohl und machen Sie, daß mir das eigennützige Vergnügen gewährt wird, mit
zween Personen, an denen ich so viel teilnehme, den frohen Genuß
der heiteren, schönen Natur teilen zu können. –

Ihr Freund und Verehrer L. v. Bthven.

26. An Herrn und Frau Bigot.

[1808.]

Liebe Marie, lieber Bigot! Nicht anderes als mit dem innigsten Be-
dauern muß ich wahrnehmen, daß die reinsten unschuldigsten Gefühle oft verkannt werden können. – Wie Sie mir auch liebevoll
begegnet sind, so habe ich nie daran gedacht, es anders auszulegen,
als daß Sie mir Ihre Freundschaft schenken. – Sie müssen mich sehr
eitel und kleinlich glauben, wenn Sie voraussetzen, daß das Zuvor-
kommen selbst einer so vortrefflichen Person, wie Sie sind, mich
glauben machen sollte, daß ich gleich Ihre Neigung gewonnen. –
Ohnedem ist es einer meiner ersten Grundsätze, nie in einem anderen als freundschaftlichen Verhältnis mit der Gattin eines anderen zu
stehn; nicht möchte ich durch so ein Verhältnis meine Brust mit
Mißtrauen gegen diejenige, welche vielleicht mein Geschick einst
mit mir teilen wird, anfüllen – und so das schönste reinste Leben mir
selbst verderben. – Es ist vielleicht möglich, daß ich einigemal nicht
fein genug mit Bigot gescherzt habe, ich habe Ihnen ja selbst gesagt,

daß ich zuweilen sehr ungezogen bin. – Ich bin mit allen meinen Freunden äußerlich natürlich und hasse allen Zwang; Bigot zähle ich nun auch darunter, wenn ihn etwas verdrießt von mir, so fordert es die Freundschaft von ihm und Ihnen, daß Sie mir solches sagen, – und ich werde mich gewiß hüten, ihm wieder wehe zu tun; – aber wie kann die gute Marie meinen Handlungen so eine böse Deutung geben? –

Was meine Einladung zum Spazierenfahren mit Ihnen und Karoline angeht, so war es natürlich, daß ich, da tags zuvor Bigot sich dagegen auflehnte, daß Sie allein mit mir fahren sollten, ich glauben mußte, Sie beide fänden es vielleicht nicht schicklich oder anstößig. – Und als ich Ihnen schrieb, wollte ich Ihnen nichts anderes als begreiflich machen, daß ich nichts dabei fände; wenn ich nun noch erklärte, daß ich großen Wert darauf legte, daß Sie es mir nicht abschlagen sollten, so geschah dies nur, damit ich Sie bewegen möchte, des herrlichen schönen Tages zu genießen; ich hatte Ihr und Karolinens Vergnügen immer mehr im Sinn, als das meinige, und ich glaubte Sie auf diese Art, wenn ich Mißtrauen von Ihrer Seite oder eine abschlägige Antwort als wahre Beleidigung für mich erklärte, fast zu zwingen, meinem Bitten nachzugeben. – Es verdient wohl, daß Sie darüber nachdenken, wie Sie mir es wieder gut machen werden, daß Sie mir diesen heiteren Tag sowohl meiner Gemütsstimmung wegen, als auch des heiteren Wetters wegen – verdorben haben. – Wenn ich sagte, daß Sie mich verkennen, so zeigt Ihre jetzige Beurteilung von mir, daß ich wohl recht hatte, auch ohne an das zu denken, was Sie sich dabei dachten, – wenn ich sagte, daß was übels draus entstünde, indem ich zu Ihnen käme, so war das doch mehr Scherz, der nur darauf hinzielte, Ihnen zu zeigen, wie sehr mich immer alles bei Ihnen anzieht, daß ich keinen größeren Wunsch habe, als immer bei Ihnen leben zu können; auch das ist Wahrheit. Ich setze selbst den Fall, es läge noch ein geheimer Sinn darin, selbst die heiligste Freundschaft kann oft noch Geheimnisse haben, aber – deswegen das Geheimnis des Freundes – weil man es nicht gleich erraten kann, mißdeuten – das sollten Sie nicht – lieber Bigot, liebe Marie; nie, nie werden Sie mich unedel finden, von

Kindheit an lernte ich die Tugend lieben – und alles, was schön und gut ist. – Sie haben meinem Herzen sehr wehe getan. – Es soll nur dazu dienen, um unsere Freundschaft mehr und mehr zu befestigen. – Mir ist wirklich nicht wohl heute und ich kann Sie schwerlich sehen; meine Empfindlichkeit und meine Einbildungskraft malten mir seit gestern nach den Quartetten immer vor, daß ich Sie leiden gemacht. Ich ging diese Nacht auf die Redoute, um mich zu zerstreuen; aber vergebens, überall verfolgte mich Ihr aller Bild, immer sagte es mir: Sie sind so gut und leiden vielleicht durch dich. – Unmutsvoll eilte ich fort. – Schreiben Sie mir einige Zeilen. –

Ihr wahrer Freund Beethoven umarmt Sie alle.

27. An Nikolaus von Zmeskall.

[1809.]

Verfluchter geladener Domanowetz – nicht Musikgraf sondern Freßgraf – Dineen Graf, Supeen Graf usw. –
heute um halb elf oder zehn Uhr wird das Quartett bei Lobkowitz probiert, S. D., die zwar meistens mit ihrem Verstande abwesend, sind noch nicht da, – kommen Sie also – wenn Sie der Kanzlei-Gefängniswärter entwischen läßt. – Heute kommt der Herzog, der bei mir Bedienter werden will, zu Ihnen – auf 30 fl. mit seiner Frau obligat können Sie sich einlassen – Holz, Licht, kleine Livree. – Zum Kochen muß ich jemand haben, solange die Schlechtigkeit der Lebensmittel so fortdauert, werde ich immer krank. – Ich esse heute zu Hause, des besseren Weins halber; wenn Sie sich bestellen, was Sie haben wollen, so wär' mir's lieb, wenn Sie auch zu mir kommen wollten; den Wein bekommen Sie gratis und zwar besser wie in dem hundsföttischen Schwanen. –

Ihr kleinster Beethoven.

28. An Ignaz von Gleichenstein[1].

[1810.]

Hier sehe den Kaiserlichen Geschmack. – Die Musik hat sich der
Poesie so herrlich angeschmiegt, daß wirklich man sagen kann, daß
sie beide ein paar langweilige Schwestern sind. – Mach' mir zu wissen, ob Ihr zu Hause bleibt – aber beizeiten. – Kalter Freund, leb'
wohl. – Was es auch mit Dir sein mag, Du bist's einmal nicht recht –
auch nicht im entferntesten Grade, wie ich der Deine

Beethoven.

29. An Ignaz von Gleichenstein.

[April 1810.]

Deine Nachricht stürzte mich aus den Regionen des Glücks wieder
tief herab. Wozu denn der Zusatz, Du wolltest mir es sagen lassen,
wenn wieder Musik sei? Bin ich denn gar nichts als dein Musikus
oder der anderen? – so ist es wenigstens auszulegen. Ich kann also
nur wieder in meinem eigenen Busen einen Anlehnungspunkt suchen, von außen gibt es also gar keinen für mich. – Nein, nichts als
Wunden hat die Freundschaft und ihr ähnliche Gefühle für mich. So
sei es denn, für Dich armer Beethoven gibt es kein Glück von außen,
Du mußt Dir alles in Dir selbst erschaffen, nur in der idealen Welt
findest Du Freunde. – Ich bitte Dich mich zu beruhigen, ob ich
selbst den gestrigen Tag verschuldet, oder wenn Du das nicht
kannst, so sage mir die Wahrheit, ich höre sie ebenso gerne als ich sie
sage; – jetzt ist es noch Zeit, noch können mir Wahrheiten nützen. –
Leb' wohl – laß Deinen einzigen Freund Dorner nichts von alledem
wissen.

30. An Therese von Malfatti[1].

[Mai 1810.]

Sie erhalten hier, verehrte Therese, das Versprochene[2], und wären
nicht die triftigsten Hindernisse gewesen, so erhielten Sie noch
mehr, um Ihnen zu zeigen, daß ich immer mehr meinen Freunden

39

leiste, als ich verspreche. Ich hoffe und zweifle nicht daran, daß Sie sich ebenso schön beschäftigen als angenehm unterhalten, – letzteres doch nicht zu sehr, damit man auch noch unser gedenke.

Es wäre wohl zuviel gebaut auf Sie oder mein Wert zu hoch angesetzt, wenn ich Ihnen zuschriebe, »die Menschen sind nicht nur zusammen, wenn sie beisammen sind, auch der Entfernte, der Abgeschiedene lebt uns«[3]. Wer wollte der flüchtigen, alles im Leben leicht behandelnden T. so etwas zuschreiben?

Vergessen Sie doch ja nicht in Ansehung Ihrer Beschäftigung das Klavier oder überhaupt die Musik im ganzen genommen. Sie haben so schönes Talent dazu, warum es nicht ganz kultivieren? Sie, die für alles Schöne und Gute so viel Gefühl haben, warum wollen Sie dieses nicht verwenden, um in einer so schönen Kunst auch das Vollkommenere zu erkennen, das selbst auf uns immer wieder zurückstrahlt?

Ich lebe sehr einsam und still. Obschon hier oder da mich Lichter aufwecken möchten, so ist doch eine unausfüllbare Lücke, seit sie alle von hier fort sind, in mir entstanden, worüber selbst meine Kunst, die mir sonst so getreu ist, noch keinen Triumph hat erhalten können. Ihr Klavier ist bestellt und Sie werden es bald haben. Welchen Unterschied werden Sie gefunden haben in der Behandlung des an einem Abend erfundenen Themas, und so wie ich es Ihnen letztlich niedergeschrieben habe! Erklären Sie sich das selbst, doch nehmen Sie ja den Punsch nicht zu Hilfe. Wie glücklich sind Sie, daß Sie schon so früh aufs Land konnten! Erst am achten kann ich diese Glückseligkeit genießen. Kindlich freue ich mich darauf; wie froh bin ich, einmal in Gebüschen, Wäldern, unter Bäumen, Kräutern, Felsen wandeln zu können, kein Mensch kann das Land so lieben wie ich. Geben doch Wälder, Bäume, Felsen den Widerhall, den der Mensch wünscht!

Bald erhalten Sie einige andere Kompositionen von mir, wobei Sie nicht zu sehr über Schwierigkeiten klagen sollen. Haben Sie Goethes Wilhelm Meister gelesen, den von Schlegel übersetzten Shakespeare[4]? Auf dem Lande hat man so viele Muße, es wird Ihnen vielleicht angenehm sein, wenn ich Ihnen diese Werke schicke.

Der Zufall fügt es, daß ich einen Bekannten in Ihrer Gegend habe, vielleicht sehn Sie mich an einem frühen Morgen auf eine halbe Stunde bei Ihnen, und wieder fort. Sie sehen, daß ich Ihnen die kürzeste Langeweile bereiten will.

Empfehlen Sie mich dem Wohlwollen Ihres Vaters, Ihrer Mutter, obschon ich mit Recht noch keinen Anspruch darauf machen kann, – ebenfalls dem der Base M. Leben Sie nun wohl, verehrte T., ich wünsche Ihnen alles, was im Leben gut und schön ist, erinnern Sie sich meiner und gern – vergessen Sie das Tolle – seien Sie überzeugt, niemand kann Ihr Leben freier, glücklicher wissen wollen als ich, und selbst dann, wenn Sie gar keinen Anteil nehmen

an Ihrem ergebensten Diener und Freund Beethoven.

NB. Es wäre wohl sehr hübsch von Ihnen, in einigen Zeilen mir zu sagen, worin ich Ihnen hier dienen kann?

Therese von Brunsvik

31. An Therese von Brunsvik[1].

[Februar 1811.]

Auch ungesucht gedenken die besseren Menschen sich, so ist es auch der Fall bei Ihnen und mir, werte verehrte Therese. Noch bin ich Ihnen lieben Dank schuldig für Ihr schönes Bild, und indem ich mich als Schuldner anklage, muß ich sogleich ein Bettler erscheinen, indem ich Sie ersuche, wenn Sie einmal den Genius der Malerei in sich fühlen, mir doch jene kleine Handzeichnung zu erneuern, welche ich so unglücklich war zu verlieren. Ein Adler sah in die Sonne, so war's, ich kann's nicht vergessen. Aber glauben Sie nicht, daß ich mich bei so etwas denke, obschon man mir so etwas schon zugeschrieben. Betrachten doch viele ein Heldenstück mit Vergnügen, ohne auch das mindeste Ähnliche damit zu haben. Leben Sie wohl, werte Therese, und gedenken Sie zuweilen Ihres Sie wahrhaft verehrenden Freundes

Beethoven.

32. An Bettina von Brentano[1].

Wien, 10. Februar 1811.

Geliebte, liebe Bettine! Ich habe schon zwei Briefe von Ihnen und sehe aus Ihrem Briefe an die Toni[2], daß Sie sich immer meiner, und zwar viel zu vorteilhaft, erinnern. – Ihren ersten Brief habe ich den ganzen Sommer mit mir herumgetragen, und er hat mich oft selig gemacht; wenn ich Ihnen auch nicht so oft schreibe und Sie gar nichts von mir sehen, so schreibe ich Ihnen doch tausendmal tausend Briefe in Gedanken. – Wie Sie sich in Berlin in Ansehung des Weltgeschmeißes finden, konnte ich mir denken, wenn ich's nicht von Ihnen gelesen hätte, vieles Schwatzen über Kunst ohne Taten!!! Die beste Zeichnung hierüber findet sich in Schillers Gedicht »Die Flüsse«, wo die Spree spricht[3]. – Sie heiraten, liebe Freundin, oder es ist schon geschehen, und ich habe Sie nicht einmal zuvor noch sehen können; so ströme denn alles Glück Ihnen und Ihrem Gatten zu, womit die Ehe die Ehelichen segnet. –

Bettina von Brentano

Was soll ich Ihnen von mir sagen? »Bedaure mein Geschick!« rufe ich mit der Johanna[4] aus; rette ich mir noch einige Lebensjahre, so will ich auch dafür, wie für alles übrige Wohl und Wehe, dem alles in sich Fassenden, dem Höchsten danken. – An Goethe, wenn Sie ihm von mir schreiben, suchen Sie alle die Worte aus, die ihm meine innigste Verehrung und Bewunderung ausdrücken, ich bin eben im Begriff, ihm selbst zu schreiben wegen Egmont, wozu ich die Musik gesetzt, und zwar bloß aus Liebe zu seinen Dichtungen, die mich glücklich machen; – wer kann aber auch einem großen Dichter genug danken, dem kostbarsten Kleinod einer Nation! – Nun nichts mehr, liebe, gute Bettine, ich kam diesen Morgen um vier Uhr erst von einem Bacchanal, wo ich sogar viel lachen mußte, um heute beinahe ebensoviel zu weinen; rauschende Freude treibt mich oft gewalttätig in mich selbst zurück. – Wegen Clemens vielen Dank für sein Entgegenkommen; was die Kantate[5] betrifft – so ist der Gegenstand für uns hier nicht wichtig genug, ein anderes ist's in Berlin; was die Zuneigung, so hat die Schwester davon eine so große Portion, daß dem Bruder nicht viel übrigbleiben wird; ist ihm damit auch gedient? – Nun lebe wohl, liebe, liebe Freundin, ich küsse Dich so mit Schmerzen auf Deine Stirne und drücke damit wie mit einem Siegel alle meine Gedanken für Dich auf. – Schreiben Sie bald, bald, oft Ihrem Freunde   Beethoven.

33. An Johann Wolfgang von Goethe[1].

Wien, 12. April 1811.

Euer Exzellenz! Nur einen Augenblick Zeit gewährt mir die dringende Angelegenheit, indem sich ein Freund[2] von mir, ein großer Verehrer von Ihnen (wie auch ich), von hier so schnell entfernt, Ihnen für die lange Zeit, daß ich Sie kenne (denn seit meiner Kindheit kenne ich Sie), zu danken. Das ist so wenig für soviel. – Bettine Brentano hat mich versichert, daß Sie mich gütig ja sogar freundschaftlich aufnehmen würden. Wie könnte ich aber an eine solche Aufnahme denken, indem ich nur imstande bin, Ihnen mit der größten Ehrerbietung mit einem unaussprechlichen tiefen Gefühl für Ihre herrlichen Schöpfungen zu nahen. Sie werden nächstens die Musik zu Egmont von Leipzig durch Breitkopf und Härtel erhalten; diesen herrlichen Egmont, den ich, indem ich ihn ebenso warm, als ich ihn gelesen, wieder durch Sie gedacht, gefühlt und in Musik gegeben habe. Ich wünsche sehr Ihr Urteil darüber zu wissen; auch der Tadel wird mir für mich und meine Kunst ersprießlich sein und so gern wie das größte Lob aufgenommen werden.

Euer Exzellenz großer Verehrer Ludwig van Beethoven.

34. An Christoph August Tiedge[1].

Jeden Tag schwebte mir immer folgender Brief an Sie, Sie, Sie[2], immer vor; nur zwei Worte verlangte ich beim Abschiede, aber auch nicht ein einziges gutes Wort erhielt ich. Die Gräfin[3] läßt mir einen weiblichen Händedruck bieten; das ist denn doch noch was, was sich hören läßt, dafür küsse ich ihr in Gedanken die Hände, der Dichter aber ist stumm. Von der Amalie[4] weiß ich wenigstens, daß sie lebe. Täglich putze ich mich selbst aus, daß ich Sie nicht früher in Teplitz kennen gelernt. Es ist abscheulich, so kurz das Gute zu erkennen und sogleich wieder zu verlieren. Nichts ist unleidlicher, als sich selbst seine eigenen Fehler vorwerfen zu müssen. Ich sage Ihnen, daß ich nun noch wohl bis zu Ende dieses Monats hier bleiben werde; schreiben Sie mir nur, wie lange Sie noch in Dresden verweilen. Ich hätte wohl Lust, einen Sprung zu der Sachsenhauptstadt zu machen. Den nämlichen Tag, an dem Sie von hier reisten, erhielt ich einen Brief von meinem gnädigen musikalischen Erzherzoge[5], daß er nicht lange in Mähren verweile und es mir überlassen sei, ob ich kommen wolle oder nicht. So was habe ich so ganz nach dem Besten meines Willens und Wollens ausgelegt und so sehen Sie mich noch hier in den Mauern, wo ich so schwer gegen Sie und mich gesündigt. Ich tröste mich noch, wenn Sie es auch Sünde nennen, so bin ich doch ein richtiger Sünder und nicht ganz ein armer. Heute hat sich mein Zimmergesellschafter verloren, ich konnte eben nicht auf ihn pochen; doch vermiß ich ihn in der Einsamkeit hier wenigstens abends und zu Mittag, wo ich das, was nun einmal das menschliche Tier zu sich nehmen muß, um das Geistige hervorzubringen, gerne in einiger Gesellschaft zu mir nehme. Nun leben Sie so wohl als es nur immer die arme Menschlichkeit kann, der Gräfin einen recht zärtlichen und doch ehrfurchtsvollen Händedruck, der Amalie einen recht feurigen Kuß, wenn uns niemand sieht, und wir zwei umarmen uns wie Männer, die sich lieben und ehren dürfen. Ich erwarte wenigstens ein Wort ohne Zurückhaltung, und dafür bin ich ein Mann.   Beethoven.

35. An Breitkopf & Härtel.

Wien, 9. Oktober 1811.

[...] Eben erhalte ich das Lebewohl usw.; ich sehe, daß Sie doch auch andere Exemplare mit französischem Titel[1] (herausgeben wollen). Warum denn? »Lebe wohl« ist etwas ganz anderes als »les adieux«. Das erstere sagt man nur einem herzlich allein, das andere einer ganzen Versammlung, ganzen Städten. Da Sie mich so schändlich rezensieren lassen[2], so sollen Sie auch herhalten. Viel weniger Platten hätten Sie auch gebraucht und das so sehr jetzt erschwerte Umkehren wäre dadurch erleichtert worden. Damit basta! Wie komme (ich) aber um Himmelswillen zu der Dedikation meiner Fantasie mit Orchester an den König von Bayern[3]? Antworten Sie doch sogleich hierüber. Wenn Sie mir dadurch ein ehrenvolles Geschenk bereiten wollten, so will ich Ihnen dafür danken. Sonst ist mir so etwas gar nicht recht. Haben Sie es vielleicht selbst dediziert? Wie hängt dieses zusammen? Ungefragt darf man Königen nicht einmal etwas widmen. Dem Erzherzog war auch das Lebewohl nicht gewidmet. Warum nicht die Jahreszahl, Tag und Datum, wie ich's geschrieben, abgedruckt? Künftig werden Sie schriftlich geben, alle Überschriften unverändert, wie ich sie hingesetzt, beizubehalten.

36. An Nikolaus von Zmeskall.

2. Februar 1812.

Nicht außerordentlicher, aber sehr ordentlicher ordinärer Federnschneider, dero Virtuosität hat sicher in diesem Stück abgenommen, diese bedürfen einiger neuen Federnreparatur. – Wann werfen Sie denn einmal Ihre Fesseln weg? Wann? – Sie denken schön an mich, verflucht sei das Leben hier in der österreichischen Barbarei für mich, – ich werde jetzt meistens zum Schwanen gehen, da ich mich in anderen Gasthäusern der Zudringlichkeit nicht erwehren kann. –

Leben Sie wohl, so wohl als ich es Ihnen wünsche ohne mich,

Ihr Freund Beethoven.

Außerordentlichster, wir bitten, daß uns Ihr Bedienter jemanden besorgt, um die Zimmer auszuputzen; da er das Quartier kennt, kann er gleich den Preis auch bestimmen – jedoch bald – Faschingslump!!!!!!!!!!?

Beigeschlossenes Billett ist wenigstens acht Tage alt.

37. An Emilie M. in H.[1].

Teplitz, 17. Juli 1812.

Meine liebe, gute Emilie, meine liebe Freundin! Spät kommt die Antwort auf Dein Schreiben an mich; eine Menge Geschäfte, beständiges Kranksein mögen mich entschuldigen. Das Hiersein zur Herstellung meiner Gesundheit beweist die Wahrheit meiner Entschuldigung. Nicht entreiße Händel, Haydn, Mozart ihren Lorbeerkranz; ihnen gehört er zu, mir noch nicht.

Deine Brieftasche wird aufgehoben unter anderen Zeichen einer noch lange nicht verdienten Achtung von manchen Menschen.

Fahre fort, übe nicht allein die Kunst, sondern dringe auch in ihr Inneres; sie verdient es. Denn nur die Kunst und die Wissenschaft erhöhen den Menschen bis zur Gottheit. Solltest Du, meine liebe Emilie, einmal etwas wünschen, so schreibe mir zuversichtlich. Der wahre Künstler hat keinen Stolz; leider sieht er, daß die Kunst keine Grenzen hat, er fühlt dunkel, wie weit er vom Ziele entfernt ist und indes er vielleicht von anderen bewundert wird, trauert er, noch nicht dahin gekommen zu sein, wohin ihm der bessere Genius nur wie eine ferne Sonne vorleuchtet. Vielleicht würde ich lieber zu Dir, zu den Deinigen kommen, als zu manchem Reichen, bei dem sich die Armut des Inneren verrät. Sollte ich einst nach H. kommen, so komme ich zu Dir, zu den Deinen; ich kenne keine anderen Vorzüge des Menschen, als diejenigen, welche ihn zu den besseren Menschen zählen machen; wo ich diese finde, dort ist meine Heimat.

Willst Du mir, liebe Emilie, schreiben, so mache nur die Überschrift gerade hierher, wo ich noch vier Wochen zubringe, oder nach Wien, das ist alles dasselbe. Betrachte mich als Deinen und als Freund Deiner Familie.

Ludwig van Beethoven.

Amalie Sebald

38. *An Amalie Sebald*[1].

Teplitz, 16. September 1812.

Tyrann ich?! Ihr Tyrann! Nur Mißdeutung kann Sie dies sagen lassen, wie wenn eben dieses Ihr Urteil keine Übereinstimmung mit mir andeutete. Nicht Tadel deswegen; es wäre eher Glück für Sie. – Ich befand mich seit gestern schon nicht ganz wohl, seit diesem Morgen äußerte sich's stärker; etwas Unverdauliches ist für mich die Ursache davon, und die reizbare Natur in mir ergreift ebenso das Schlechte als das Gute, wie es scheint; wenden Sie dies jedoch nicht auf meine moralische Natur an. Die Leute sagen nichts, es sind nur Leute; sie sehen sich meistens in anderen nur selbst und das ist eben nichts; fort damit, das Gute, Schöne braucht keine Leute. Es ist ohne alle andere Beihilfe da, und das scheint denn doch der Grund unseres Zusammenhaltens zu sein. – Leben Sie wohl, liebe Amalie. Scheint mir der Mond heute abend heiterer als den Tag durch die Sonne, so sehen Sie den kleinsten, kleinsten aller Menschen bei sich.

Ihr Freund Beethoven.

39. An Amalie Sebald.

[Teplitz, 17. September 1812.]

Ich melde Ihnen nur, daß der Tyrann ganz sklavisch an das Bett gefesselt ist. – So ist es! Ich werde froh sein, wenn ich nur noch mit dem Verlust des heutigen Tages durchkomme. Mein gestriger Spaziergang bei Anbruch des Tages in den Wäldern, wo es sehr neblig war, hat meine Unpäßlichkeit vergrößert und vielleicht meine Besserung erschwert. Tummeln Sie sich derweil mit Russen, Lappländern, Samojeden usw. herum und singen Sie nicht zu sehr das Lied: »Es lebe hoch«.

Ihr Freund Beethoven.

40. An Amalie Sebald.

[Teplitz, September 1812.]

Es geht schon besser. Wenn Sie es anständig heißen, allein zu mir zu kommen, so können Sie mir eine große Freude machen; ist aber, daß Sie dieses unanständig finden, so wissen Sie, wie ich die Freiheit aller Menschen ehre, und wie Sie auch immer hierin und in anderen Fällen handeln mögen, nach Ihren Grundsätzen oder nach Willkür, mich finden Sie immer gut und als

Ihren Freund Beethoven.

41. An Amalie Sebald.

[Teplitz, September 1812.]

Die Krankheit scheint nicht weiter voranzugehn, wohl aber noch zu kriechen, also noch kein Stillstand! Dies alles, was ich Ihnen darüber sagen kann. – Sie bei sich zu sehen, darauf muß ich Verzicht tun; vielleicht erlassen Ihnen Ihre Samojeden heute Ihre Reise zu den Polarländern, so kommen Sie zu

Beethoven.

42. An Amalie Sebald.

[Teplitz, September 1812.]

Dank für alles, was Sie für meinen Körper für gut finden, für das Notwendigste ist schon gesorgt, – auch scheint die Hartnäckigkeit der Krankheit nachzulassen. - Herzlichen Anteil nehme ich an Ihrem Leid, welches auf Sie durch die Krankheit Ihrer Mutter kommen muß. – Daß Sie gewiß gern von mir gesehen werden, wissen Sie, nur kann ich Sie nicht anders, als zu Bette liegend empfangen. – Vielleicht bin ich morgen imstande aufzustehen. – Leben Sie wohl, liebe, gute Amalie. –

Ihr etwas schwach sich befindender Beethoven.

43. An Amalie Sebald.

[Teplitz, September 1812.]

Ich kann Ihnen noch nichts Bestimmtes über mich sagen, bald scheint es mir besser geworden, bald wieder im alten Geleise fortzugehen, oder mich in einen längeren Krankheitszustand versetzen zu können. Könnte ich meine Gedanken über meine Krankheit durch ebenso bestimmte Zeichen als meine Gedanken in der Musik ausdrücken, so wollte ich mir bald selbst helfen; – auch heute muß ich das Bett noch immer hüten. Leben Sie wohl und erfreuen Sie sich Ihrer Gesundheit, liebe Amalie.

Ihr Freund Beethoven.

44. An Amalie Sebald.

[Teplitz, September 1812.]

Liebe, gute Amalie! Seit ich gestern von Ihnen ging, verschlimmerte sich mein Zustand, und seit gestern abends bis jetzt verließ ich noch nicht das Bett; ich wollte Ihnen heute Nachricht geben und glaubte dann wieder mich dadurch Ihnen so wichtig scheinen machen zu wollen, so ließ ich es sein. – Was träumen Sie, daß Sie mir nichts sein können? Mündlich wollen wir darüber, liebe Amalie, reden; immer wünschte ich nur, daß Ihnen meine Gegenwart Ruhe und Frieden einflößte, und daß Sie zutraulich gegen mich wären. Ich hoffe mich morgen besser zu befinden und einige Stunden werden uns noch da während Ihrer Anwesenheit übrigbleiben, in der Natur uns beide wechselseitig zu erheben und zu erheitern. – Gute Nacht, liebe Amalie, recht viel Dank für die Beweise Ihrer Gesinnungen für Ihren Freund

Beethoven.

In Tiedge will ich blättern.

45. An Nikolaus von Zmeskall.

[9. Oktober 1813.]

Lieber guter Z. werden Sie nicht unwillig, wenn ich Sie bitte, auf beiliegenden Brief beiliegende Adresse zu schreiben; derjenige beklagt sich immer, an welchen der Brief ist, warum keine Briefe von mir ankommen; gestern brachte ich einen Brief auf die Post, wo man mich fragte, wo der Brief hin soll? – Ich sehe daher, daß meine Schrift vielleicht ebensooft als ich selbst mißdeutet werde. –

Daher meine Bitte an Sie. –

Ihr Beethoven.

46. An Nikolaus von Zmeskall.

[13. November 1813.]

Da Sie durchaus wollen, werde ich Ihr Ausbitten in ein Einbitten verwandeln und Ihnen nachmittags aufwarten. – In Eile

Ihr Beethoven.

47. An Nikolaus von Zmeskall.

[1. Januar 1814.]

Lieber werter Freund! Alles wäre gut, wäre der Vorhang da, ohne diesen fällt die Arie durch; erst heute mittag erfahre ich dieses von Schuppanzigh und mich schmerzt's; – sei's nur ein Vorhang, wenn auch ein Bettvorhang oder nur eine Art von Schirm, den man im Augenblicke wegnimmt, ein Flor usw. Es muß was sein; die Arie ist ohnedem mehr dramatisch fürs Theater geschrieben, als daß sie im Konzert wirken könnte, alle Deutlichkeit geht ohne Vorhang oder etwas Ähnliches verloren! – verloren! – verloren! – zum Teufel alles! Der Hof kommt wahrscheinlich; Baron Schweiger bat mich inständig hinzugehen, Erzherzog Karl ließ mich vor sich und versprach zu kommen. – Die Kaiserin sagte eben nicht zu, aber auch nicht ab. – Vorhang!!!! oder die Arie und ich werden morgen gehangen. Leben Sie wohl, beim neuen Jahre drücke ich Sie ebensosehr als beim alten ans Herz. – Mit Vorhang oder ohne Vorhang?

Ihr Beethoven.

48. An Georg Friedrich von Treitschke[1].

4. Juni 1814.

Des Hr. v. Treitschke Dichten und Trachten ist in Kenntnis gesetzt, das Manuskript sogleich dem Unteroffizier des Generalleutnantamtes mitzugeben, damit das Gestochene, welches von Fehlern zerstochen, sogleich wieder, wie es sein muß, gestochen werden kann, und zwar um so mehr, weil sonst auf das Dichten und Trachten ganz erschrecklich gestochen und gehauen wird werden. Gegeben im Vater-Unser-Gässel des urväterlichen Verlags aller Verlegender.

49. An Marie Gräfin Erdödy[1].

[Ende Februar 1815.]

Ich habe, meine werte Gräfin, Ihr Schreiben mit vielem Vergnügen gelesen, ebenso wie die Erneuerung Ihrer Freundschaft für mich. Es war lange mein Wunsch, Sie einmal wiederzusehn und ebenso Ihre lieben Kinder, denn obschon ich vieles erlitten, habe ich doch nicht die früheren Gefühle für Kindheit, für schöne Natur und Freundschaft verloren. – Das Trio und alles, was sonst nicht heraus ist, steht Ihnen von Herzen, liebe Gräfin, zu Diensten – sobald es geschrieben, sollen Sie's erhalten. Nicht ohne Mitgefühl und Teilnehmung habe ich mich öfter erkundigt nach Ihren Gesundheitsumständen, nun werde ich mich aber einmal persönlich bei Ihnen einstellen und mich freuen an allem, was Sie betrifft, teilnehmen zu können. –

Marie Erdödy

Mein Bruder hat Ihnen geschrieben, Sie müssen schon Nachsicht mit ihm haben, er ist wirklich ein unglücklicher, leidender Mensch. – Die Hoffnung des kommenden Frühlings wird, wie ich wünsche, auch auf Ihre Gesundheit den besten Einfluß haben und Sie vielleicht in die beste Wirklichkeit versetzen. – Leben Sie recht wohl, liebe, werte Gräfin, ich empfehle mich Ihren lieben Kindern, die ich im Geiste umarme. – Ich hoffe Sie bald zu sehn. –

Ihr wahrer Freund Ludwig van Beethoven.

50. *Auf Skizzenblättern.*

[1815.]

Alles, was Leben heißt, sei der Erhabenen geopfert und ein Heiligtum der Kunst! Laß mich leben, sei es auch mit Hilfsmitteln; wenn sie sich nur finden.

Die Ohrenmaschinen womöglich zur Reife bringen, alsdann reisen. Dieses bist du dir, den Menschen und ihm, dem Allmächtigen, schuldig. Nur so kannst du noch einmal alles entwickeln, was in dir verschlossen bleiben muß. – Ein kleiner Hof – – eine kleine Kapelle – – von mir in ihr der Gesang geschrieben, angeführt zur Ehre des Allmächtigen, des Ewigen, Unendlichen. So mögen die letzten Tage verfließen – – – und der künftigen Menschheit. Händel, Bach, Gluck, Mozart, Haydns Porträte in meinem Zimmer – – sie können mir auf Duldung Anspruch machen helfen.

Mein Dekret: nur im Lande bleiben. Wie leicht ist in jedem Flecken dieses erfüllt! Mein unglückseliges Gehör plagt mich hier nicht. Ist es doch, als ob jeder Baum zu mir spräche auf dem Lande: heilig, heilig! Im Walde Entzücken! Wer kann alles ausdrücken? Schlägt alles fehl, so bleibt das Land selbst im Winter wie Gaden, untere Brühl usw. Leicht bei einem Bauern eine Wohnung gemietet, um die Zeit gewiß wohlfeil. Süße Stille des Waldes! Der Wind, der beim zweiten schönen Tag schon eintritt, kann mich nicht in Wien halten, da er mein Feind ist.

Allmächtiger im Walde! Ich bin selig, glücklich im Walde: jeder Baum spricht durch dich. O Gott! welche Herrlichkeit! In einer solchen Waldgegend, in den Höhen ist Ruhe, Ruhe, ihm zu dienen.

Ein Bauerngut, dann entfliehst du deinem Elend!

51. An Marie Gräfin Erdödy.

[Wien, Sommer 1815.]

Liebe, liebe, liebe, liebe, liebe Gräfin! Ich gebrauche Bäder, mit welchen ich erst morgen aufhöre, daher konnte ich Sie und alle Ihre Lieben heute nicht sehen. – Ich hoffe, Sie genießen einer bessern Gesundheit. Es ist kein Trost für bessere Menschen, ihnen zu sagen, daß andere auch leiden; allein Vergleiche muß man wohl immer anstellen, und da findet sich wohl, daß wir alle nur auf eine andere Art leiden, irren. – Nehmen Sie die bessere Auflage des Quartetts und geben Sie samt einem sanften Handschlag die schlechte dem Violoncello. Sobald ich wieder zu Ihnen komme, soll meine Sorge sein, selben etwas in die Enge zu treiben. – Leben Sie wohl, drükken, küssen Sie Ihre lieben Kinder in meinem Namen, obschon, es fällt mir ein, ich darf die Töchter ja nicht mehr küssen; sie sind ja schon zu groß. Hier weiß ich nicht zu helfen, handeln Sie nach Ihrer Weisheit, liebe Gräfin!

Ihr wahrer Freund und Verehrer
Beethoven.

52. An Marie Gräfin Erdödy.

[1815.]

Meine liebe, werte Gräfin! Sie beschenken mich schon wieder, und das ist nicht recht, Sie benehmen mir dadurch alles kleine Verdienst, was ich um Sie haben würde. Ob ich morgen zu Ihnen kommen kann, ist ungewiß, so sehr auch meine Wünsche dafür, aber in einigen Tagen gewiß, sollte es auch nur nachmittags sein. Meine Lage ist dermalen sehr verwickelt, mündlich mehr darüber; grüßen Sie und drücken Sie alle Ihre mir lieben Kinder in meinem Namen an Ihr Herz. Dem Magister eine sanfte Ohrfeige, dem Oberamtmann ein feierliches Nicken, dem Violoncello ist aufgetragen, sich aufs linke Donauufer zu begeben und so lange zu spielen, bis alles vom rechten Donauufer herübergezogen wird; auf diese Weise würde Ihre Bevölkerung bald zunehmen. Ich setze übrigens getrost den Weg wie vorhin über die Donau, mit Mut gewinnt man allenthalben, wenn er gerecht ist. Ich küsse Ihnen vielmal die Hände, erinnern Sie sich gern Ihres Freundes Beethoven.

Schicken Sie also keinen Wagen, lieber wagen! als einen Wagen! – Die versprochenen Musikalien folgen aus der Stadt.

53. An Erzherzog Rudolph[1].

Wien, 23. Juli 1815.

Ihro Kaiserliche Hoheit! Als Sie sich neulich in der Stadt befanden, fiel mir wieder dieser Chor ein. Ich eilte nach Hause, selben niederzuschreiben, allein ich verhielt mich länger hierbei, als ich anfangs selbst glaubte, und so versäumte ich I. K. H. zu meinem größten Leidwesen. – Die üble Gewohnheit von Kindheit an, meine ersten Einfälle gleich niederschreiben zu müssen, ohne daß sie wohl nicht öfters mißrieten, hat mir auch hier geschadet. – Ich sende daher I. K. H. meine Anklage und Entschuldigung, und hoffe Begnadigung zu finden. – Wahrscheinlich werde ich bald selbst einmal bei I. K. H. mich einstellen können, um mich nach der uns allen so teuren Gesundheit zu erkundigen.

Ihrer Kaiserlichen Hoheit treu gehorsamster

Ludwig van Beethoven.

Erzherzog Rudolph

54. An Marie Gräfin Erdödy.

Wien, 19. Oktober 1815.

Meine liebe verehrte Gräfin! Wie ich sehe, dürfte meine Unruhe für
Sie in Ansehung Ihrer Reise in Ihren teilweisen Leiden auf Ihrem
Reisewege stattfinden; allein – der Zweck scheint wirklich können
von Ihnen erreicht zu werden und so tröste ich mich, und zugleich
spreche ich Ihnen nun selbst Trost zu. Wir Endliche mit dem unendlichen Geist sind nur zu Leiden und Freuden geboren, und beinah
könnte man sagen, die Ausgezeichneten erhalten durch Leiden
Freude. – Ich hoffe nun bald wieder Nachrichten von Ihnen zu
empfangen, viel Tröstliches müssen Ihnen wohl Ihre Kinder sein,
deren aufrichtige Liebe und das Streben nach allem Guten ihrer
lieben Mutter schon eine große Belohnung für ihre Leiden sein

kann. – Dann kommt der ehrenwerte Magister, Ihr treuster Schild-
knab'– nun vieles andere Lumpenvolk, worunter der Zunftmeister
Violoncello, die nüchterne Gerechtigkeit im Oberamt, – wahrlich
ein Gefolge, wonach mancher König sich sehnen würde. – Von mir
nichts, – das heißt vom nichts nichts. – Gott gebe Ihnen weitere
Kraft zu Ihrem Isistempel zu gelangen, wo das geläuterte Feuer alle
Ihre Übel verschlingen möge und Sie wie ein neuer Phönix erwachen
mögen.

In Eil' Ihr treuer Freund Beethoven.

55. An Anna Milder-Hauptmann[1].

Wien, 6. Januar 1816.

Meine wertgeschätzte einzige Milder, meine liebe Freundin! Sehr
spät kommt ein Schreiben von mir Ihnen zu. Wie gern möchte ich
dem Enthusiasmus der Berliner[2] mich persönlich beifügen können,
den Sie im Fidelio erregt! Tausend Dank von meiner Seite, daß Sie
meinem Fidelio so treu geblieben sind. – Wenn Sie den Baron de la
Motte Fouqué in meinem Namen bitten wollten, ein großes Opern-
sujet zu erfinden, welches auch zugleich für Sie passend wäre, da
würden Sie sich ein großes Verdienst um mich und um Deutschlands
Theater erwerben; – auch wünschte ich solches ausschließlich für
das Berliner Theater zu schreiben, da ich es hier mit dieser knickeri-
gen Direktion nie mit einer neuen Oper zustande bringen werde. –
Antworten Sie mir bald, baldigst, sehr geschwind, so geschwind als
möglich, aufs geschwindeste – ob so was tunlich ist. – Herr Kapellmeister W.[3] hat sie himmelhoch bei mir erhoben, und hat recht;
glücklich kann sich derjenige schätzen, dem sein Los Ihren Musen,
Ihrem Genius, Ihren herrlichen Eigenschaften und Vorzügen an-
heimfällt, – so auch ich. – Wie es auch sei, alles um Sie her darf sich
nur Nebenmann nennen, ich allein nur führe mit Recht den ehrer-
bietigen Namen Hauptmann in mir ganz im stillen. Ihr wahrer
Freund und Verehrer

Beethoven.

Anna Milder-Hauptmann

(Mein armer unglücklicher Bruder ist gestorben – dies die Ursache meines lange ausgebliebenen Schreibens.)

Sobald Sie mir geantwortet haben, schreibe ich auch an Baron de la Motte Fouqué. Gewiß wird Ihr Einfluß in B. es leicht dahin bringen, daß ich für das Berliner Theater, und besonders berücksichtigt für Sie, mit annehmbaren Bedingungen eine große Oper schreibe; – nur antworten Sie bald, damit ich mich mit meinen übrigen Schreibereien danach einteilen kann.

Ich küs-se Sie, drük-ke Sie an mein Herz!

Ich der Haupt-mann der Haupt-mann.

(Fort mit allen übrigen falschen Hauptmännern.)

56. An Cajetan Giannatasio del Rio[1].

[17. Februar 1816.]

Dieses, mein werter Freund, ist der Inhalt der vorgestrigen Unterredung mit Hr. V. Schmerling: Karl[2] darf ohne Erlaubnis seines Vormundes unter keinerlei Vorwand aus dem Institut abgeholt werden, die Mutter kann ihn daselbst niemals besuchen. Hat sie Neigung ihn zu sehen, so muß sie sich an den Vormund wenden, der die Veranstaltung dazu treffen wird.

Auf diese Art wird die Schrift mir hierüber von den Landrechten ausgestellt werden. Vorderhand können Sie dieses zum sichern Maßstab Ihrer Behandlung der Frau nehmen; heute gegen 12 Uhr muß ich Ihnen mit meinem Freunde Bernard beschwerlich fallen, indem wir bei Ihnen sogleich die Schrift aufsetzen und auch das, was Sie wünschen, eingetragen werden soll; Ihren Brief will S. ebenfalls beigelegt wissen. Diese Nacht ist diese Königin der Nacht bis 3 Uhr auf dem Künstlerball gewesen, nicht allein mit ihrer Verstandesblöße, sondern auch mit ihrer körperlichen – für 20 fl., hat man sich in die Ohren gesagt, daß sie zu haben sei! o schrecklich! Und unter diesen Händen sollen wir unseren kostbaren Schatz nur einen Augenblick vertrauen? Nein, gewiß nicht! Ich umarme Sie von Herzen als meinen Freund und zugleich mit als Karls Vater.

Ihr Ludwig van Beethoven.

57. Auf Skizzenblättern.

1816.

Karl betrachtest du als dein eigenes Kind. Alle Schwätzereien, alle Kleinigkeiten achte nicht über diesen heiligen Zweck. Hart ist der Zustand jetzt für dich, doch der droben, der ist; ohne ihn ist nichts. – Das Kennzeichen ist ohnehin einmal angenommen.

Opern und Alles sein lassen, nur für deine Waise schreiben – und dann eine Hütte, wo du das unglückliche Leben beschließest!

Zum Leben und Aushalten ein Haus in der Vorstadt, auf dem Lande gehts nicht mit Karl.

58. An Karl van Beethoven[1].

[1816.]

An meinen Neffen Karl! Soviel ich merke, ist ein gewisser Giftstoff noch in Dir vorhanden. Ich fordere Dich daher nur auf, Deine geistigen und körperlichen Bedürfnisse aufzuschreiben. Es wird käl-

Karl van Beethoven

ter; brauchst Du noch eine Decke oder Dein Deckbett? – Herr von Smetana wird auf mein Verlangen bei Dir gewesen sein. Der Bruchmaschinist war auch schon einmal, jedoch vergeblich da, er hat mir versprochen wiederzukommen und Dir ein neues Bruchband zu übergeben und das alte zum Waschen mitzunehmen. Es ist ihm schon alles bezahlt. – Leb' wohl; Gott erleuchte Deine Seele und Dein Herz.   Dein Onkel und Freund Beethoven.

59. An Marie Gräfin Erdödy.

Wien, 13. Mai 1816.

Meine werte, liebe Freundin! Sie dürften vielleicht und mit Recht glauben, daß Ihr Andenken völlig in mir erloschen sei. Unterdessen ist es nur der Schein; meines Bruders Tod verursachte mir großen Schmerz, alsdann aber große Anstrengungen, um meinen mir lieben Neffen vor seiner verdorbenen Mutter zu retten. Dieses gelang. Allein bis hierher konnte ich noch nichts Besseres für ihn tun, als in ein Institut zu geben, also entfernt von mir. Und was ist ein Institut gegen die unmittelbare Teilnahm-Sorge eines Vaters für sein Kind? Denn so betrachte ich mich nun und sinne hin und her, wie ich dieses mir teure Kleinod näher haben kann, um geschwinder und vorteilhafter auf ihn wirken zu können. Allein wie schwer ist das für mich! – Nun ist meine Gesundheit auch seit sechs Wochen auf schwankenden Füßen, so daß ich öfter an meinen Tod, jedoch nicht mit Furcht, denke, nur meinem armen Karl stürbe ich zu früh. Wie ich aus Ihren letzten Zeilen an mich sehe, leiden Sie wohl noch sehr, meine liebe Freundin. Es ist nicht anders mit den Menschen. Auch hier soll sich seine Kraft bewähren, d. h. auszuhalten ohne zu murren und seine Nichtigkeit zu fühlen und wieder seine Vollkommenheit zu erreichen, deren uns der Höchste dadurch würdigen will. – Linke wird nun wohl schon bei Ihnen sein, möge er Ihnen Freude auf seinen Darmsaiten erwecken. – Brauchle wird sich vom Brauchen wohl nicht entfernen und Sie werden wie immer Tag und Nacht von ihm Gebrauch machen. – Was den Vogel Sperl betrifft, so höre ich, daß Sie nicht mit ihm zufrieden sind; worin dieses besteht, weiß ich nicht. Sie suchen, wie ich höre, einen anderen Hofmeister; übereilen Sie sich doch nicht und machen Sie mich mit Ihren Ansichten und Absichten hierin bekannt, vielleicht kann ich Ihnen gute Anzeigen machen, vielleicht tun Sie aber dem Sperl im Käficht unrecht? – Ihre Kinder umarme ich und drücke das in einem Terzett aus; sie werden wohl täglich Fortschritte machen in ihrer Vervollkommnung. Lassen Sie mich recht bald, sehr bald wissen, wie Sie sich auf dem kleinen Nebelfleck der Erde, wo Sie jetzt sind, befinden. Ich nehme gewiß, wenn ich es auch nicht immer gleich anzeige oder äußere, großen Teil an Ihren Leiden und Freuden. Wie lange bleiben Sie noch, wo werden Sie künftig leben? – Mit der Dedikation der Violoncellsonate wird eine Veränderung geschehen, die Sie aber und mich nicht verändern wird. Liebe teure Gräfin in Eil Ihr Freund

Beethoven.

60. An Marie Gräfin Erdödy.

Wien, 15. Mai 1816.

Verehrte liebe Freundin!

Dieser Brief ist schon geschrieben, und heute begegne ich Linke, und (vernehme) Ihr beweinungswürdiges Schicksal, den plötzlichen Verlust Ihres lieben Sohnes. – Wo wäre hier Trost zu geben, nichts schmerzt mehr, als das schnell unvorhergesehene Hinscheiden derjenigen, die uns nahe sind, so kann ich ebenfalls meines armen Bruders Tod nicht vergessen; nichts als – daß man denken kann, daß die geschwind Hinweggeschiedenen weniger leiden. – Ich nehme aber den innigsten Anteil an Ihrem unersetzlichen Verlust. – Vielleicht habe ich Ihnen noch nicht geschrieben, daß ich ebenfalls mich schon lange gar nicht wohl befinde, mit eine Ursache meines langen Stillschweigens. Nun noch obendrein die Sorge für meinen Karl, den ich oft in meinem Sinn gedacht habe an Ihren lieben Sohn anzuschließen. – Wehmut ergreift mich um Ihretwillen und auch um meinetwillen, da ich Ihren Sohn geliebt. – Der Himmel wacht über Sie und wird Ihre schon ohnedem großen Leiden nicht vermehren wollen, wenn Sie auch in Ihren Gesundheitsumständen noch mehr wanken sollten. Denken Sie, Ihr Sohn hätte in die Schlacht gemußt und hätte dort wie Millionen seinen Tod gefunden, dann sind Sie noch Mutter zweier lieber, hoffnungsvollen Kinder. – Ich hoffe bald Nachrichten von Ihnen, weine hier mit Ihnen, geben Sie übrigens allem Geschwätz, warum ich nicht sollte an Sie geschrieben haben, kein Gehör, auch Linke nicht, der Ihnen zwar zugetan ist, aber sehr gern schwätzt; – und ich glaube, daß es zwischen Ihnen, meine liebe Gräfin, und mir keiner Zwischenträger bedarf. In Eil' mit Achtung

Ihr Freund Beethoven.

61. An Georg Friedrich von Treitschke.

[1816.]

Außerordentlicher werter Freund! Fangen wir an von den ersten
Endursachen aller Dinge, wie etwas gekommen und auch warum es
gekommen? geworden; warum etwas so ist, warum etwas so nicht
sein kann?!!! Hier, lieber Freund! sind wir an dem kitzligen Punkte,
welchen mein Zartgefühl verboten Ihnen gleich zu eröffnen. Also:
Es kann nicht sein!

Mit größtem Vergnügen werde ich das Leipziger Bureau ein an-
dermal bedienen. Lebt wohl, Bester! ja ruhig, gar zu ruhig! Was ist
denn aus dem Dichten und Trachten geworden. Lebt
wohl! Wir sind Euch womöglich allezeit zu Diensten.

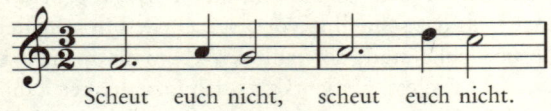

Scheut euch nicht, scheut euch nicht.

Hochachtungsvoll Ihr Beethoven.

62. An S. A. Steiner & Kompanie.

[1816.]

Das Paternostergäßl hat den Empfang zu bestätigen, und ebenfalls
anzuzeigen, wann die Korrekturblätter bei mir eintreffen werden,
widrigenfalls sich selbes alles Elend, welches siedend wie geschmol-
zenes Siegellack auf den Übeltäter herabträufeln wird, selbst zuzuschreiben hat.

B.

63. An Dorothea von Ertmann[1].

Wien, 23. Februar [1817].

Meine liebe werte Dorothea Cäcilia! Oft haben Sie mich verkennen
müssen, indem ich Ihnen zuwider erscheinen mußte; vieles lag in
den Umständen, besonders in den früheren Zeiten, wo meine Weise

weniger als jetzt anerkannt wurde. Sie wissen die Deutungen der unberufenen Apostel, die sich mit ganz anderen Mitteln als mit dem Evangelium forthelfen; hierunter habe ich nicht gerechnet sein wollen. – Empfangen Sie nun, was Ihnen öfters zugedacht war[2] und

Dorothea von Ertmann

was Ihnen einen Beweis meiner Anhänglichkeit an Ihr Kunsttalent wie an Ihre Person abgeben möge. Daß ich neulich Sie nicht bei Czerny[3] spielen hören konnte, ist meiner Kränklichkeit zuzuschreiben, die endlich scheint vor meiner Gesundheit zurückfliehen zu wollen. – Ich hoffe, bald von Ihnen zu hören, wie es in St. Pölten mit den ... steht und ob Sie etwas halten auf Ihren Verehrer und Freund   L. van Beethoven.

Alles Schöne Ihrem werten Mann und Gemahl von mir.

64. Auf Skizzenblättern.

[1817.]

Gott, Gott, mein Hort, mein Fels, o mein Alles, Du siehst mein
Inneres und weißt, wie wehe es mir tut, jemanden leiden machen
müssen bei meinem guten Werke für meinen teuren Karl!!! O höre,
stets Unaussprechlicher, höre mich, Deinen unglücklichen, unglücklichsten aller Sterblichen!

Etwas muß geschehen – entweder eine Reise und zu dieser die nötigen Werke schreiben oder eine Oper. Solltest du den künftigen
Sommer noch hier bleiben, so wäre die Oper vorzuziehen im Falle
nur leidlicher Bedingnisse. – Ist der Sommeraufenthalt hier, so muß
jetzt schon beschlossen werden, wie? wo?

Gott helfe! Du siehst mich von der ganzen Menschheit verlassen,
denn Unrechtes will ich nichts begehen. Erhöre mein Flehen, doch
für die Zukunft nur mit meinem Karl zusammen zu sein, da nirgends
sich jetzt eine Möglichkeit dahin zeigt. O hartes Geschick! O grau-
sames Verhängnis! Nein, nein, mein unglücklicher Zustand endet
nie!

Dich zu retten, ist kein anderes Mittel als von hier. Nur dadurch
kannst du wieder so zu den Höhen deiner Kunst entschweben, wo
du hier in Gemeinheit versinkst. Nur eine Sinfonie – und dann fort,
fort, fort! Derweilen die Gehalte aufgenommen, welches selbst auf
Jahre geschehen kann.

Über den Sommer arbeiten zum Reisen. Dadurch nur kannst du das
große Werk für deinen armen Neffen vollführen. Später Italien, Sizilien durchwandern mit einigen Künstlern! – Mache Pläne und sei
getrost für Karl.

Karl ist ein ganz andres Kind, wenn er einige Stunden bei dir ist,
daher bleibe bei dem Plan, ihn zu dir zu nehmen. – Auch hast du
weniger Sorgen für dein Gemüt. Welche Albernheiten sind dort in
diesen?!

Abends und mittags in Gesellschaft sein! Es erhebt und ermüdet nicht so, daher ein andres Leben als dieses im Hause zu führen.

Sinnlicher Genuß ohne Vereinigung der Seelen ist und bleibt viehisch. Nach selbem hat man keine Spur einer edlen Empfindung, vielmehr Reue.

Ruhe und Freiheit sind die größten Güter.

Wahre Freundschaft kann nur beruhen auf der Verbindung ähnlicher Naturen.

Tausend schöne Augenblicke verschwinden, wenn Kinder in hölzernen Instituten sind, wo sie bei guten Eltern die seelenvollsten Eindrücke, welche bis ins späteste Alter fortdauern, empfangen könnten.

Alles Übel ist geheimnisvoll und für sich allein nur größer, ja populärer, je mehr man sich mit andern bespricht, viel erträglicher nur dadurch, daß das, was wir fürchten, völlig bekannt wird, ist es, als hätte man irgend ein großes Übel überwunden.

Das Alleinleben ist wie Gift für dich bei deinem gehörlosen Zustande: Argwohn muß bei einem niederen Menschen um dich stets gehegt werden.

Die Schwachheiten der Natur sind durch die Natur selbst gegeben, und die Herrscherin Vernunft soll sie durch ihre Stärke zu leiten und zu vermindern suchen.

65. An Nanette Streicher[1].

7. Juli [1817].

Mein werte Freundin! Ihr Schreiben erhielt ich hier, und zwar darin
Ihren schlimmen Fall bestätigt; ich hoffe, daß es sich bald bessere,
warme laue Bäder heilen alle Wunden; – das schlechte Wetter vorgestern hielt mich, da ich in der Stadt war, ab, zu Ihnen zu kommen;
ich eilte gestern morgens wieder hierher, fand aber meinen Bedienten nicht zu Hause, er hatte den Schlüssel zur Wohnung sogar
mitgenommen. Es war sehr kühl, ich hatte nichts aus der Stadt als
ein dünnes Beinkleid am Leibe, und so mußte ich mich drei Stunden
lang herumtreiben, dies schadete mir und machte mich den ganzen
Tag übel auf. Da sehn Sie die Bedientenhaushaltungen! – Solange ich
krank bin, wäre mir ein anderes Verhältnis zu anderen Menschen
nötig; so sehr ich sonst die Einsamkeit liebe, so schmerzt sie mich
jetzt um so mehr, da das kaum möglich ist, mich bei all dem Medi-
zinieren und den Bädern so selbst zu beschäftigen wie sonst; hierzu
kommt noch die ängstliche Aussicht, daß es sich vielleicht nie mit
mir bessert, daß ich selbst zweifle an meinem jetzigen Arzt, er erklärt nun doch endlich meinen Zustand für Lungenkrankheit. Wegen einer Haushälterin will ich's noch überlegen; wäre man bei
dieser gänzlichen moralischen Verderbtheit des österreichischen
Staates nur einigermaßen überzeugt, eine rechtschaffene Person erwarten zu können, so wäre alles leicht gemacht, aber – aber –!!!
Nun eine große Bitte an Streicher, bitten Sie ihn in meinem Namen, daß er die Gefälligkeit hat, nur eines Ihrer Piano mehr nach
meinem geschwächten Gehör zu richten, so stark als es nur immer
möglich ist, brauch ich's; ich hatte schon lange den Vorsatz, mir eins
von Ihnen zu kaufen, allein in dem Augenblick fällt es mir sehr
schwer, vielleicht ist es mir jedoch etwas später eher möglich, nur bis
dahin wünschte ich eins von Ihnen geliehen zu haben, ich will es
durchaus nicht umsonst, ich bin bereit, Ihnen das, was man Ihnen
für eins gibt, auf sechs Monate in Konvenzmünze voraus zu bezahlen; vielleicht wissen Sie nicht, daß ich, obschon ich nicht immer ein
Piano von Ihnen gehabt, ich die Ihrigen doch immer besonders vor-
gezogen seit 1809. – Streicher allein wäre imstande, mir ein solches

Nanette Streicher

Piano für mich zu schicken, wie ich's bedarf. Es fällt mir überhaupt schwer, jemanden beschwerlich zu fallen, da ich gewohnt bin, eher für andere etwas zu tun, als von anderen etwas für mich tun zu lassen. Was Sie mir für Vorschläge hierüber machen werden, ich werde sie annehmen und Ihre Bedingnisse gern erfüllen. – Viel Dank für Ihre mir geliehenen 20 fl., auch der Löffel folgt, welchen ich hier zurücksende; ich werde Sie bald auf einen Augenblick sehen – ich empfehle mich allen den Ihrigen

Ihr Freund und Diener L. v. Beethoven.

66. An Nanette Streicher.

Werte Freundin! Ich konnte wegen dem schlechten Wetter nicht eher als Donnerstags hereinkommen, und Sie waren schon fort von hier! – Welcher Streich von der Frau v. Streicher!!! nach Baden???!!! also in Baden – – – Mit Ihrem Mann hab' ich gesprochen, seine Teilnahme an mir hat mir wohl und wehe getan, denn beinahe hätte mir Streicher meine Resignation erschüttert, Gott weiß, was es geben wird; da ich aber immer anderen Menschen beigestanden, wo ich nur konnte, so vertraue ich auch auf seine Barmherzigkeit mit mir. – Wegen der Haushälterin, die Sie kennen und wenigstens als brav geprüft haben, könnte man ja das Kochen versuchen, ehe sie zu mir käme; dieses läßt sich nun nicht eher bewerkstelligen, bis Sie wieder in die Stadt kommen, wann?

Übrigens lassen Sie sich durch Ihren Mann nicht zu gewissen Ehestreichen verführen. –

Wegen der Wohnung wäre es auch Zeit; in der Gärtnergasse gibt es auch auf der gegenüberstehenden Seite Wohnungen, wo man wirklich eine außerordentlich schöne Aussicht genießen würde, das alles beruht auf Ihrem Wiederkommen. – Wie haben Sie denn Ihre Briefe an mich nach Nußdorf besorgt? – Halten Sie Ihre Tochter fleißig an, daß sie eine Frau werde. – Heute ist eben Sonntag, soll ich Ihnen noch etwas aus dem Evangelium vorlesen: »Liebet euch untereinander« usw. usw. Ich schließe und empfehle mich Ihnen und Ihrer besten Tochter bestens, wünsche Ihnen Heilung aller Ihrer Wunden; kommen Sie an die alten Ruinen, so denken Sie, daß dort Beethoven oft verweilt, durchirren Sie die heimlichen Tannenwälder, so denken Sie, daß da Beethoven oft gedichtet, oder wie man sagt komponiert.

In Eil Ihr Freund und Diener L. v. Beethoven.

67. An Nanette Streicher.

[Einlage zu obigem, 6. August 1817.]

Beste Frau v. Streicher! Beiliegender Brief hat Ihnen vorigen Sonntag, wie Sie aus dem Datum sehen, sollen geschickt werden. – Was die Frau v. Stein anbelangt, so bitte ich selbe, daß sie den Herrn v. Steiner nicht versteinern soll lassen, damit er mir noch dienen könne, oder die Frau v. Stein möchte nicht zu sehr v. Stein sein, in Ansehung des Herrn v. Steiner usw. usw.

Was meine Gesundheit anbelangt, so ist es wohl sicher, daß sich Symptome der Besserung zeigen, allein das Hauptübel ist noch da und ich fürchte, ohne je gehoben werden zu können. – Beste Frau Streicher, spielen Sie Ihrem Männchen keine Streiche, sondern heißen Sie lieber gegen jeden Frau v. Stein!!! Künftigen Mittwoch und Donnerstag bringe ich in der Stadt zu, wo ich mit Streicher wieder reden werde. – Wegen der Haushälterin wünschte ich Sie hier, d. h. als Nebenursache, so sehr ich mich mit Ihnen freue, daß Sie die Badener Luft genießen; wann werden Sie unterdessen mich hier wieder mit Ihrer Gegenwart erfreuen? – Alles Schöne Ihrer lieben Tochter und Frau v. Streicher.

Ihr Freund und Diener Beethoven.

Wo sind meine Bettdecken?

Wo?   Wo?

68. An Marie Pachler[1].

[1817.]

Ich bin sehr erfreut, daß Sie noch einen Tag zugeben, wir wollen noch viel Musik machen. Die Sonate aus F-Dur und C-Moll spielen Sie mir doch? nicht wahr?

Ich habe noch niemand gefunden, der meine Kompositionen sogut vorträgt als Sie, die großen Pianisten nicht ausgenommen, sie haben nur Mechanik oder Affektation. Sie sind die wahre Pflegerin meiner Geisteskinder.

69. An Nikolaus von Zmeskall.

[10. September 1817.]

Lieber Z.! Lassen Sie es noch mit der Probe bewenden, ich muß heute wieder zum Arzt, dessen Hudelei ich doch endlich müde werde. – Dank für Ihren Zeitmesser, – wir wollen sehen, ob sich hinüber damit bis in die Ewigkeit messen läßt, der Leichtigkeit und Begreiflichkeit des Ihrigen dürfte wohl nichts im Wege stehen, – wir wollen unterdessen darüber eine Zusammenkunft halten. Obschon natürlich an einem Uhrwerke mehr mathematische Richtigkeit, so habe ich doch schon früher bei Ihren kleinen Versuchen in meiner Gegenwart mir manches mit Ihrem Z. erklecklich gefunden, und ich hoffe, wir werden damit gänzlich zu rechte kommen. Bald sehe ich Sie.   Ihr Freund Beethoven.

70. An Nanette Streicher.

[1817.]

Ja, wohl ist diese ganze Haushaltung noch ohne Haltung und sieht einem Allegro di Confusione ganz ähnlich. Wenn ich recht lese, so wollen Sie mir diesen Nachmittag um halb 5 Uhr das Vergnügen Ihres Besuches schenken, oder soll's heißen um halb 3 Uhr? – Dies bedarf noch einer Aufklärung, weswegen Sie schon Ihre kleine Brieftaube noch einmal schicken müssen, denn die Weiber waschen sich heute jede eine um die andere im Waschtrog.

In Eil Ihr Freund L. v. Beethoven.

71. An Nanette Streicher.

[28. Dezember 1817.]

Schon gestern sollte Ihnen die Nany die Neujahrsbillette geben, sie tat es unterdessen nicht. – Vorgestern hatte ich mit Maelzel[1], der sehr pressiert ist, da er bald von hier abreist, zu tun, daher Sie wohl von selbst wissen werden, daß ich sonst unfehlbar gleich wieder hinaufgeeilt wäre. – Gestern sah ich Ihre liebe gute Tochter bei mir, war aber so krank, als ich mich nicht bald erinnere; die sauberen Bedienten hatten vorgestern um 7 Uhr bis 10 Uhr abends gebraucht, bis ich Feuer im Ofen hatte; die grimmige Kälte, besonders bei mir, machte mich zu sehr erkühlen, und ich konnte beinahe gestern den ganzen Tag kein Glied bewegen. Husten und die fürchterlichsten Kopfschmerzen, welche ich je gehabt, begleiteten mich den ganzen Tag; schon abends um 6 Uhr mußte ich mich ins Bett begeben. Ich liege noch, unterdessen ist mir besser. – Ihr Herr Bruder speiste gestern bei mir, er hat mir eine sehr große Gefälligkeit erzeigt. – Am selben Tag, wie Sie wissen, nämlich den 27. Dezember, habe ich der Baberl aufgesagt. Die Niedrigkeit von beiden Personen ist mir unausstehlich, und mich soll wundern, ob die Nany sich besser bei der Abwesenheit der anderen betragen wird. Ich zweifle; doch wir machen alsdann ohne weiteres den Kehraus mit ihr; für eine Haushälterin ist sie zu ungebildet, ja viehisch, die andere aber steht trotz ihrem Gesicht noch unter dem Vieh. – Da das Neujahr da ist, so glaube ich, daß 5 fl. für die Nany genug sein wird; die 4 fl. für das Macherlohn ihres Spencers habe ich ihr nicht gegeben nach dem schlechten Betragen gegen Sie. – Die andere verdient wirklich kein Neujahr; ohnehin hat sie 9 fl. voraus, bei ihrem Weggehen werde ich ihr doch nicht mehr als höchstens 4 oder 5 fl. davon abhalten können. Ich wünsche Ihr Gutachten über alles das. Nun nehmen Sie meine Wünsche für Ihr Wohl an, die wahrhaft gemeint sind; ich bin in so vielen Rücksichten Ihr Schuldner, daß ich heute oft genug ein beschämendes Gefühl habe. Leben Sie wohl, erhalten Sie mir Ihre Freundschaft. Wie immer Ihr Freund

L. v. Beethoven.

72. An Ignaz von Mosel[1].

[1817.]

Euer Wohlgeboren! Herzlich freut mich dieselbe Ansicht, welche Sie mit mir teilen in Ansehung der noch aus der Barbarei der Musik herrührenden Bezeichnungen des Zeitmaßes; denn nur z. B. was kann widersinniger sein als Allegro, welches ein für allemal lustig heißt, und wie weit entfernt sind wir oft von diesem Begriffe des Zeitmaßes, so daß das Stück selbst das Gegenteil der Bezeichnung sagt. – Was diese vier Hauptbewegungen betrifft, die aber bei weitem die Wahrheit oder Richtigkeit der vier Hauptwinde nicht haben, so geben wir sie gern hintan; ein anderes ist es mit den den Charakter des Stückes bezeichnenden Wörtern, solche können wir nicht aufgeben, da der Takt eigentlich mehr der Körper ist, diese aber schon selbst Bezug auf den Geist des Stückes haben. – Was mich angeht, so habe ich schon lange darauf gedacht, diese widersinnigen Benennungen Allegro, Andante, Adagio, Presto aufzugeben; Maelzels Metronom[2] gibt uns hierzu die beste Gelegenheit. Ich gebe Ihnen mein Wort hier, daß ich sie in allen meinen neuen Kompositionen nicht mehr gebrauchen werde. – Eine andere Frage ist es, ob wir hierdurch die so nötige Allgemeinheit des Metronom bezwecken werden; ich glaube kaum! Daß man uns aber als Zwingherren ausschreien wird, daran zweifle ich nicht. Wäre nur der Sache selbst damit gedient, so wäre es noch immer besser, als uns des Feudalismus zu beschuldigen! – Daher glaube ich, das beste sei besonders für unsere Länder, wo einmal Musik Nationalbedürfnis geworden und jedem Dorfschulmeister der Gebrauch des Metr. gefördert werden muß, daß Maelzel eine gewisse Anzahl Metronome auf Pränumeration suche anzubringen zu den höheren Preisen, und sobald diese Zahl ihn deckt, so wird er imstande sein, die übrigen nötigen Metronome für das musikalische Nationalbedürfnis so wohlfeil zu geben, daß wir sicher die größte Allgemeinheit und Verbreitung davon erwarten können. – Es versteht sich von selbst, daß sich einige hierbei an die Spitze stellen müssen, um Aneiferung zu erwecken. Was an mir liegt, so können Sie auf mich rechnen, und mit Vergnügen erwarte ich den Posten, welchen Sie mir hierbei anweisen werden. –

Euer Wohlgeboren mit Hochachtung ergebenster

Ludwig van Beethoven.

73. An Nanette Streicher.

[1817.]

Ein Brechpulver habe ich nur, muß ich hierauf öfter Tee nehmen? Ich bitte Sie um einen zinnernen Löffel. –

In Eil Ihr Freund Beethoven.

74. An Nanette Streicher.

[1818.]

Es freut mich, daß Sie sich noch ferner um das Hauswesen annehmen wollen, ohne das alles andere vergebens wäre; beim hier folgenden Küchenbuch liegt ein Brief, welchen ich Ihnen, noch ehe Sie nach Klosterneuburg gingen, geschrieben. – Mit der N. geht es jetzt, was ihr Betragen angeht, besser und ich denke gar nicht, daß sie den Willen dazu hat; vielleicht ist es möglich, mit dem anderen Mädchen für unsere Haushaltung vorteilhafter zu wirken, doch dürfen Sie sich nicht entziehen; leicht können Sie im Küchenbuch sehen, ob ich allein oder zu mehreren oder gar nicht zu Hause gegessen habe. – Ganz ehrlich halte ich die N. nicht, außerdem, daß sie noch obendrein ein schreckliches Vieh ist; nicht durch Liebe, sondern durch Furcht müssen dgl. Leute gehandhabt werden, ich sehe das jetzt ganz klar ein. – Es versteht sich, daß das Dienstmädchen Sonnabends früh eintreten kann, nur bitte ich Sie, mir gütigst anzuzeigen, ob die Baberl Freitags früh oder nach Tische sich zu entfernen hat? – Das Küchenbuch allein kann Ihnen nicht alles klar anzeigen, Sie müssen manchmal beim Essen als ein richtender Engel unverhofft erscheinen, um auch in Augenschein zu nehmen, was wir haben. – Ich speise nun niemals zu Hause, als wenn jemand bei mir zu Gaste ist, denn ich will nicht soviel für eine Person bezahlen, daß drei oder vier davon essen könnten.

Meinen lieben Sohn Karl werde ich nun bald bei mir haben, um so mehr bedürfen wir der Ökonomie. – Ich kann mich nicht wohl überwinden, zu Ihnen zu kommen, Sie verzeihen mir schon, ich bin sehr empfindlich u. dgl. nicht gewohnt, noch weniger mag ich mich aussetzen. – Sobald Sie können, besuchen Sie mich nur, lassen Sie mich's voraus wissen, ich habe viel mit Ihnen zu reden. Schicken Sie das Büchel gegen Abend ebenso wieder zurück; bis die andere Person da ist, gehen wir einen stärkeren Weg, und mit Ihrer gütigen freundschaftlichen Gefälligkeit wäre es doch möglich, hierin fortzukommen. – Die N. hat außer ihren 12 kr. Brotgeld auch eine Semmel morgens, ist das mit der Küchenmagd auch der Fall? Eine Semmel macht für ein Jahr 18 fl. – Leben Sie und weben Sie wohl, die Fräulein N. ist ganz umgewandelt, seit ich ihr das halb Dutzend Bücher an den Kopf geworfen. Es ist wahrscheinlich durch Zufall etwas davon in ihr Gehirn oder schlechtes Herz geraten, wenigstens haben wir eine busige Betrügerin!!!

In Eil Ihr L. v. Beethoven.

75. Erklärung in der Wiener Allgemeinen musikalischen Zeitung vom 14.2.1818.

Maelzels Metronom ist da! Die Nützlichkeit seiner Erfindung wird sich immer mehr bewähren; auch haben alle Autoren Deutschlands, Englands, Frankreichs, ihn angenommen; wir haben aber nicht für unnötig erachtet, ihn zufolge unserer Überzeugung auch allen Anfängern und Schülern, sei es im Gesange, dem Pianoforte oder irgendeinem anderen Instrument, als nützlich, ja unentbehrlich anzuempfehlen. Sie werden durch den Gebrauch desselben auf die leichteste Weise den Wert der Note einsehen und ausüben lernen, auch in kürzester Zeit dahin gebracht werden, ohne Schwierigkeit mit Begleitung ungestört vorzutragen; denn indem der Schüler bei der gehörigen Vorrichtung und vom Lehrer gegebenen Anleitung, auch in Abwesenheit desselben nicht außer dem Zeitmaße nach

Willkür singen oder spielen kann, so wird damit sein Taktgefühl in kurzem so geleitet und berichtigt, daß es für ihn in dieser Sache bald keine Schwierigkeit mehr geben wird. – Wir glauben, diese so gemeinnützige Maelzelsche Erfindung auch von dieser Seite beleuchten zu müssen, da es scheint, daß sie in dieser Hinsicht noch nicht genug beherziget worden ist.

Ludwig van Beethoven.   Anton Salieri.

76. An Nanette Streicher.

[1818.]

Ich bitte in Eile mit Eile und durch Eile, daß Sie Streicher bitten, daß wir heute gegen 12 Uhr allein sind.

In eiligster Eile Ihr Freund Beethoven.

77. Auf Skizzenblättern.

1818.

Ein kleines Haus allda, so klein, daß man allein nur ein wenig Raum hat! – Nur einige Tage in dieser göttlichen Brühl! – Sehnsucht oder Verlangen, Befreiung oder Erfüllung!

Um wahre Kirchenmusik zu schreiben, alle Kirchenchoräle der Mönche usw. durchgehen, herauszusuchen, wie die Absätze in richtigsten Übersetzungen nebst vollkommener Prosodie aller christkatholischen Psalmen und Gesänge überhaupt.

Baden, 27. Juli 1818.

Nur Liebe – ja, nur sie vermag dir ein glücklicheres Leben zu geben. – O Gott, laß mich sie, jene endlich finden, die mich in Tugend bestärkt, die mir erlaubt mein ist.
(Baden den 27. Juli, als die M. vorbeifuhr und es schien, als blickte sie auf mich.)

78. *An Tobias Haslinger*[1].

Baden, 10. September 1821.

Sehr Bester! Als ich gestern auf dem Wege nach Wien mich im Wagen befand, überfiel mich der Schlaf, um so mehr, als ich beinahe nie (des Frühaufstehens wegen hier) recht geschlafen hatte. Während ich nun schlummere, so träumte mir, ich reiste sehr weit, nicht weniger nach Syrien, nicht weniger nach Indien, wieder zurück, nicht weniger nach Arabien, endlich kam ich gar nach Jerusalem. Die heilige Stadt erregte den Gedanken an die heiligen Bücher; kein Wunder, wenn mir nun auch der Mann Tobias einfiel, und wie natürlich mußte mir also auch unser Tobiasserl und das pertobiasser dabei in den Sinn kommen; nun fiel mir während meiner Traumreise folgender Kanon ein:

O Tobias Dominus Haslinger, o Tobias! [Kanon].

Allein kaum erwachte ich, fort war der Kanon, und es wollte mir nichts mehr davon ins Gedächtnis kommen. Jedoch als ich mich anderen Tages wieder hierher begab im selben Fuhrwerk (eines armen österreichischen Musikanten) und die gestrige Traumreise wieder jetzt wachend fortsetzte, siehe da, gemäß dem Gesetz der Ideenassoziation, fiel mir wieder selber Kanon ein; ich hielt ihn nun wachend fest, wie einst Menelaos den Proteus, und erlaubte ihm nur noch, daß er sich in drei Stimmen verwandeln durfte. [Hier folgt längerer Kanon.]

Lebt wohl! Nächstens werde ich auch auf Steiner was einschikken, um zu zeigen, daß er kein steinernes Herz hat. Lebt wohl, sehr Bester, wir wünschen allezeit, daß Ihr dem Namen Verleger nie entsprecht und nie in Verlegenheit seid, sondern Verleger, welche nie verlegen sind, weder im Einnehmen noch Ausgeben. – Singt alle Tage die Episteln des heiligen Paulus, geht alle Sonntage zum Pater Werner, welcher Euch das Büchlein anzeigt, wodurch Ihr von Stund' an in Himmel kommt; Ihr seht meine Besorgnis für Euer Seelenheil, und ich verbleibe allzeit mit größtem Vergnügen von Ewigkeit zu Ewigkeit   Euer treuester Schuldner Beethoven.

79. *An Franz von Brentano*[1].

Verehrter Freund! Halten Sie mich ja nicht für einen Schuften oder ein leichtsinniges Genie. Schon seit vorigem Jahr bis jetzt war ich immer krank, den Sommer über ebenfalls ward ich mit der Gelbsucht befallen. Das dauerte bis Ende August. Staudenheimers Verordnung zufolge mußte ich noch im September nach Baden. Da es in der dortigen Gegend bald kalt wurde, ward ich von einem so heftigen Durchfall überfallen, daß ich die Kur nicht aushalten konnte und wieder hierher flüchten mußte. Nun geht es gottlob! besser und endlich scheint mich Gesundheit wieder neu beleben zu wollen, um wieder neu auch für meine Kunst zu leben, welches eigentlich seit zwei Jahren nicht der Fall, sowohl aus Mangel an Gesundheit, wie auch so vieler anderen menschlichen Leiden wegen. – Die Messe hätte wohl noch früher können abgeschickt werden, allein sie muß genau übersehen werden, denn draußen werden die Verleger mit meinem Manuskript wohl nicht fertig. Wie ich aus Erfahrung weiß, um eine solche Abschrift zum Stechen, muß Note für Note durchgesehen werden; hierzu konnte ich meiner kränklichen Umstände wegen nicht kommen, um so mehr, da ich bei alledem in Ansehung meiner Subsistenz mehrere Brotarbeiten (leider muß ich sie so nennen) vollbringen mußte. Ich glaube, wohl doch noch einmal den Versuch machen zu können, ob Simrock nicht die Louisdors in einem höheren Wert anrechnen möchte, da denn doch auch von anderen Seiten mehrere Nachfragen um die Messe da sind, worüber ich Ihnen nun bald schreiben werde. Übrigens zweifeln Sie nicht an meiner Rechtschaffenheit. Ich denke öfter an nichts, als daß Ihr gütiger Vorschuß auf das baldigste getilgt werde. – Mit wahrer Dankbarkeit und Hochachtung Ihr Freund und Diener

Beethoven.

80. Schriftstück eine Gesamtausgabe seiner Werke betreffend.

[an einen Wiener Verleger 1822(?).]

Wie die Gesetzbücher sogleich bei den Menschenrechten, welche die Vollzieher bei alledem mit Füßen treten, anfangen, so der Autor.

Ein Autor hat das Recht eine revidierte Ausgabe seiner Werke zu veranstalten, da es aber der leckern Gehirnskoster und Liebhaber dieser edlen Speise so viel gibt und allerlei Eingemachtes, Ragout, Frikassee etc. davon zubereitet wird, wovon sich die Pastetenbäcker bereichern und der Autor froh wäre, soviel Groschen zu haben, als man zuweilen für sein Werk hinausgibt, so will der Autor zeigen, daß das Menschengehirn weder Kaffeebohnen noch sonst wie Käse verkauft werden könne, welcher bekanntlich erst aus Milch, Urin etc. zustande gebracht wird.

Das Menschengehirn ist an sich unveräußerlich.–

Kurzum man zeigt die Rechtmäßigkeit einer revidierten Ausgabe aller Werke von mir an, da so viele unrichtige, verfälschte herumwandeln (Anarchie) (Unter uns gesagt, so republikanisch wir denken, so hat's auch sein Gutes um die oligarchische Aristokratie) daß man der Kunst selbst schuldig sei, die Fortschritte des Künstlers und der Kunst zu bemerken, daß jedes Heft von einer Gattung mit einem derlei neuen Werk in dieser Gattung gepaart sein werde, daß man hiermit nur die Anzeige mache, daß eine sämtliche Herausgabe meiner Werke nahe, jedoch der Zeitpunkt dieses großen Unternehmens noch nicht genau angegeben werde können und daß man eine vollständig revidierte Herausgabe sämtlicher Werke im Begriff sei, zu veranstalten.

81. An Johann Wolfgang von Goethe[1].

Wien, 8. Februar 1823.

Euer Exzellenz! Immer noch, wie von meinen Jünglingsjahren an, lebend in Ihren unsterblichen nie veraltenden Werken, und die glücklichen in Ihrer Nähe verlebten Stunden nie vergessend, tritt doch der Fall ein, daß auch ich mich einmal in Ihr Gedächtnis zurückrufen muß. Ich hoffe, Sie werden die Zueignung an E. E. von

Meeresstille und glückliche Fahrt in Töne gebracht[2], von mir erhalten haben; beide schienen mir ihres Kontrastes wegen sehr geeignet, auch diesen durch Musik mitteilen zu können. Wie lieb würde es mir sein, zu wissen, ob ich passend meine Harmonie mit der Ihrigen verbunden, auch Belehrung, welche gleichsam als Wahrheit zu betrachten, würde mir äußerst willkommen sein; denn letztere liebe ich über alles, und es wird nie bei mir heißen: veritas odium parit[3]. Es dürften bald vielleicht mehrere Ihrer immer einzig bleibenden Gedichte in Töne gebracht von mir erscheinen, worunter auch »rastlose Liebe« sich befindet[4]; wie hoch würde ich eine allgemeine Anmerkung überhaupt über das Komponieren oder in Musik setzen Ihrer Gedichte achten! – Nun eine Bitte an E. E. Ich habe eine große Messe geschrieben, welche ich aber noch nicht herausgeben will, sondern nur bestimmt ist, an die vorzüglichsten Höfe gelangen zu machen; das Honorar beträgt nur 50 #. Ich habe mich in dieser Absicht an die Großherzogl. Weimar. Gesandtschaft gewendet, welche das Gesuch an Sr. Großherzogl. Durchlaucht auch angenommen und versprochen hat, es an selbe gelangen zu machen. Die Messe ist auch als Oratorium gleichfalls aufzuführen, und wer weiß nicht, daß heutiges Tages die Vereine für die Armut dergleichen benötigt sind! – Meine Bitte besteht darin, daß E. E. Seine Großherzogl. Durchlaucht hierauf aufmerksam machen möchten, damit Höchstdieselbe auch hierauf subskribierten. Die Großherzogl. Weimar. Gesandtschaft eröffnete mir, daß es sehr zuträglich sein würde, wenn der Großherzog vorher schon dafür gestimmt würde. Ich habe so vieles geschrieben, aber erschrieben – beinahe gar nichts. Nun aber bin ich nicht mehr allein. Schon über sechs Jahre bin ich Vater eines Knaben meines verstorbenen Bruders, eines hoffnungsvollen Jünglings im 16. Jahre, den Wissenschaften ganz angehörig und in den reichen Schriften der Griechheit schon ganz zu Hause. Allein in diesen Ländern kostet dgl. sehr viel, und bei studierenden Jünglingen muß nicht allein an die Gegenwart, sondern selbst an die Zukunft gedacht werden; und so sehr ich sonst bloß nur nach oben gedacht, so müssen doch jetzt meine Blicke auch sich nach unten erstrecken. Mein Gehalt ist ohne Gehalt. Meine Kränklichkeit, seit mehreren Jahren, ließ es nicht zu, Kunstreisen zu machen und überhaupt alles das zu ergreifen, was zum Erwerb führt. Sollte ich meine gänzliche Gesundheit wieder erhalten, so dürfte ich wohl noch manches andere besser erwarten dürfen. E. E. dürfen aber nicht denken, daß ich wegen der jetzt gebetenen Verwendung für mich Ihnen Meeresstille und glückliche Fahrt gewidmet hätte. Dies geschah schon im Mai 1822; und die Messe auf diese Weise bekannt zu machen, daran ward noch nicht gedacht, bis jetzt vor einigen Wochen. Die Verehrung, Liebe und Hochachtung, welche ich für den einzigen unsterblichen Goethe von meinen Jünglingsjahren schon hatte, ist immer mir geblieben. So was läßt sich nicht wohl in Worte fassen, besonders von einem solchen Stümper wie ich, der nur immer gedacht hat, die Töne sich eigen zu machen. Allein ein eigenes Gefühl treibt mich immer, Ihnen soviel zu sagen, indem ich in Ihren Schriften lebe. – Ich weiß, Sie werden nicht ermangeln, einem Künstler, der nur zu sehr gefühlt, wieweit der bloße Erwerb von ihr entfernt, einmal sich für ihn zu verwenden, wo Not ihn zwingt, auch wegen anderen für andere zu walten, zu wirken. Das Gute ist uns allzeit deutlich und so weiß ich, daß E. E. meine Bitte nicht abschlagen werden.

Einige Worte von Ihnen an mich würden Glückseligkeit über mich verbreiten. – Euer Exzellenz mit der innigsten unbegrenztesten Hochachtung verehrender

Beethoven.

82. An Johann Baptist Bach[1].

Wien, 6. März 1823.

Werter verehrter Freund! Der Tod könnte kommen, ohne anzufragen, in dem Augenblicke ist keine Zeit ein gerichtl. Testament zu machen; ich zeige Ihnen daher durch dieses eigenhändig an, daß meinen geliebten Neffen Karl van Beethoven zu meinem Universalerben erkläre, und daß ihm alles ohne Ausnahme, was nur den Namen hat irgendeines Besitzes von mir, nach meinem Tode eigentümlich zugehören soll. – Zu seinem Kurator ernenne ich Sie und sollte kein anderes Testament folgen als dieses, so sind Sie zugleich befugt und gebeten, meinem geliebten Neffen K. v. Beethoven einen Vormund auszusuchen, – mit Ausschluß meines Bruders Johann van Beethoven – und ihn nach den hergebrachten Gesetzen denselben zuzugeben.

Dies Schreiben erkläre ich so gültig für allzeit, als wäre es mein letzter Wille vor meinem Tode. – Ich umarme Sie von Herzen. – Ihr wahrer Verehrer und Freund

Ludwig van Beethoven.

83. An Anton Schindler[1].

18. Juni 1823.

Den Tokaier betreffend ist derselbe nicht für den Sommer, sondern für den Herbst, und zwar für einen Fiedler, welcher dieses edle Feuer zu erwidern imstande ist, und den Fuß in Ungewittern halten kann.

84. An Erzherzog Rudolph.

Wien, 1. Juli 1823.

[...] Fahren E. K. H. nur fort, besonders sich zu üben, gleich am Klavier Ihre Einfälle flüchtig kurz niederzuschreiben. Hierzu gehört ein kleines Tischchen ans Klavier. Durch dergleichen wird die Phantasie nicht allein gestärkt, sondern man lernt auch die entlegensten Ideen augenblicklich festhalten. Ohne Klavier zu schreiben ist ebenfalls nötig, und manchmal eine einfache Melodie, Choral mit einfachen und wieder mit verschiedenen Figuren nach den Kontrapunkten und auch darüber hinaus durchführen, wird E. K. H. sicher kein Kopfweh verursachen, ja eher, wenn man sich so selbst mitten in der Kunst erblickt, ein großes Vergnügen. – Nach und nach entsteht die Fähigkeit, gerade nur das, was wir wünschen, fühlen, darzustellen, ein dem edleren Menschen so sehr wesentliches Bedürfnis. Meine Augen gebieten aufzuhören. Alles Schöne und Gute E. K. H., und indem ich mich empfehle, nenne ich

mich Euer Kaiserlichen Hoheit mit tiefster Verehrung treuster
Diener   L. v. Beethoven.

85. An Graf Moritz Lichnowsky[1].

[1824.]

Falschheiten verachte ich. Besuchen Sie mich nicht mehr. Akademie
hat nicht statt.

Beethoven.

86. An Anton Schindler.

[1824.]

Ich ersuche Sie, nicht mehr zu kommen, bis ich Sie rufen lasse.
Akademie hat nicht statt.

B–vn.

87. An Anton Schindler.

[1824.]

Ich bin nach sechswöchentlichen Hin- und Herreden schon ge-
kocht, gesotten und gebraten. Was soll endlich werden aus dem
vielbesprochenen Konzert, wenn die Preise nicht erhöht werden?
Was soll mir bleiben nach soviel Unkosten, da die Kopiatur allein
schon soviel kostet? – – –

88. An Anton Schindler.

[1824.]

Anfang. Papageno, sprechen Sie nichts, was ich von Preußen sprach.
Es ist gar nichts darauf zu halten, nur Martin Luthers Tischreden
gleichzustellen; ich ersuche meinen Bruder ebenfalls, das Schloß
nicht abzulegen, und nichts unter und ober der Selchwurstgasse
hören zu lassen.

Die Variationen blieben liegen, senden Sie selbe mit der Haushälterin. Senden Sie auch die nach London bestimmten mit, handeln Sie nicht nach Ihrem Eigendünkel, denn es geht ohnehin alles schief.

Verfolg. Ich ersuche nur gefälligst an zu schreiben, wo das Diplom zuletzt war, ehe es soll zur Regierung, und wie lange es ist, daß es dort hingekommen. Was ist das wieder für eine elende Geschichte mit Fürst Esterhazy.

Ende. Erkundigen Sie sich bei dem Erzflegel Diabelli[1], wenn das französische Exemplar der Sonate in C-moll abgedruckt, damit ich es zur Korrektur erhalte; zugleich habe ich mir vier Exemplare für mich ausbedungen davon, wovon eins auf schönem Papier für den Kardinal[2]; sollte er hier seinen gewöhnlichen Flegel machen, so werde ich ihm persönlich die Baßarie in seinem Gewölbe vorsingen, daß das Gewölbe wie der Graben davon erschallen soll.

Ihr untertänigster Diener Beethoven.

89. An Anton Schindler.

[1824.]

Jetzt nach zwölf in die Birne, – ausgeschissen und ausgehungert, – dann ins Kaffeehaus, wieder hierher, und sogleich nach Penzing, sonst komme ich um die Wohnung.

90. An Karl Bernard[1].

Baden, 10. Juni [1824].

Werter Freund! Es würde gut sein, wenn Sie manchmal Karl sähen, Alleegasse Nr. 72, letztes Haus, auch für seine Literatur sorgt, worüber ich mich selbst mit Ihnen noch besprechen würde. Es wird doch mit ihm etwas arg, was die Behandlung gegen mich von ihm betrifft, so ist sie äußerst kränkend, ja für meine Gesundheit von übeln Folgen. – Vor Sonntag hätte er mir notwendig schreiben müssen, vergebens habe ich schon drei Briefe geschrieben, keine Antwort, weil ich ihn Sonntags korrigieren mußte, welches er durchaus nicht ertragen will, so muß ich ein Betragen von ihm erfahren, wie ich nur von seinem verstorbenen rohen Vater erfahren, den ich ebenfalls mit Wohltaten überhäufte. – Ich vermute, daß dies Ungeheuer von Mutter wieder im Spiel, und dabei die Intrigen meines kopf- und herzlosen H. Bruders, der schon vorhat, mit ihm Handelschaft zu treiben, und der mich immer tadeln und belehren will (wie die Sau die Minerva im Demosthenes), weil ich mit seinem Hurenfettlümmel und Bastard durchaus nichts zu tun will haben, noch weniger mit solchen soweit unter mir leben will. Von ihm kam es denn doch, daß ich den Vizedirektor Reißig in der polytechnischen Schule, noch bloß durch einen Brief, zum Mitvormund wählte. Da Peters so wenig hier ist, so hielt ich es für Karl nicht übel, allein ich fürchte, wir werden Spuk erleben, denn ich kann nichts von ihm, da ich ihn gar nicht kannte. Soviel habe ich durch meinen eselhaften H. Bruder, ausgenommen, daß ihm und H. v. R. darum zu tun ist, daß er gar nicht mehr bei mir sein soll. O wie fein, zum Geldgeben hält man. – Ich habe erst vor einigen Tagen von hier aus an R. geschrieben, denn ich war so schwach, daß ich mich kaum um etwas bekümmern konnte, und wie liebreich man für mich gesorgt! Mündlich werden Sie alles erfahren. Der schreckliche vierte Stock, o Gott, ohne Frau, welches Leben, jedem Fremden wird man zur Beute. – Da Sie in der Nähe dort wohnen, so bitte ich Sie ebenfalls zu dem R[eißig] zu gehen, und ihm meine hier folgende Vormundschaftsdiplome usw. zu unterrichten. Wie Blöchlinger sie durchaus nicht im Hause haben wollte und Dr. B[ach] und ich deswegen polizeiliche Hilfe suchten und erhielten, und sie noch deswegen unter polizeilicher Aufsicht ist. – Ich werde meinen Grundsätzen hierin bis ans Ende meines Lebens getreu bleiben, sollte Karl aber wieder mit ihr heimlichen Umgang oder ihm dazu geholfen werden, so wird man sich nicht vorstellen, was ich tun werde, denn endlich bin ich ermüdet, für soviel Aufopferungen und Großmut den schändlichsten Undank zu erleben. Wegen dem Oratorium seien Sie außer Sorgen, ich werde Ihnen schon sagen, wenn ich Ihrer benötigt bin. – Sie könnten einmal mit Karl Sonntags und mit Ihrer Gattin hierher kommen und bei mir speisen, jetzt erhält man von hier aus noch zu ziemlichen Preisen Fuhren. – R[eißig] ist nachmittags von 4 Uhr an zu finden, auch von 9 Uhr morgens, wo er aber, glaube ich, nur schon oben vor den Kollegien zu finden.

91. An Anton Schindler.

[1824.]

Ich ersuche Sie höflichst um die Zeugnisse, Original und Kopie. Da manches zu bereden ist, so wäre am wenigsten Zeit zu verlieren, wenn Sie zu Tische kommen wollten einen Tag. Doch muß dies ganz sicher sein; denn sich einladen und nicht kommen, gehört usw., wie Sie sind überhaupt und nicht sein sollten! Dixi.

92. An Vinzenz Hauschka[1].

Baden, 23. September 1824.

Lieber werter Freund! Indem ich Dir schreibe, daß ich, sobald ich in die Stadt gelangt bin, das Bernardsche Oratorium schreiben werde, bitte ich Dich ebenfalls Herrn v. Bernard das Honorar erfolgen zu lassen. Über das Weitere, was wir brauchen und nötig haben, bereden wir uns in der Stadt, indem ich Dich als großmächtigsten Intendanten aller Sing- und Brummvereine, als k. k.sches General-violoncello, als k. k. Inspizient aller k. k. Jagden, wie auch Diakonus meines gnädigsten Herrn ohne Domizil, ohne Dach und Fach, wie auch ohne Präbende (wie auch ich) meines gnädigsten Herrn treusten Diener grüße, wünsch ich Euch dieses und jenes, woraus Ihr das Beste nehmen könnt. Damit kein Irrtum stattfindet, melde ich noch: daß wir das Bernardsche Oratorium »der Sieg des Kreuzes« ganz gewiß in Musik setzen und baldigst beenden werden, laut unserer Unterschrift und unserem Siegel.

L. van Beethoven.

1. Nachschrift. Laß das Wildbret nicht durch Ratzen und Mäuse verzehren. Versteht mich. Eröffnet auch bessere Wege und Konkurrenz. – Dero in Christo und Apollo

Beethoven.

2. Nachschrift. Was nun das Fähnlein auf dem weißen Turm anbelangt, so hoffen wir, daß es bald wieder wehen werde. – 3. Nachschrift usw.

93. *Skizzenblatt.*

[1824.]

Sanfter, menschlicher, mit der Welt ausgesöhnter wird die Fremde dich machen. Beständig alle Kräfte brauchen, anspannen; auch nicht so manches verloren, wie in Wien.

94. *An Tobias Haslinger.*

[1824.]

Tobias! pater noster gäßler, Tobias pater noster gäßlerischer Bierhäuslerischer, musikalischer Philister!

Merkt, was Karl sagt. Betrachtet Euch als eine Feuerlöschanstalt, nur statt Wasser denkt Euch Geld. Prestissimo die Quittung nach Prag. Kommt's nicht bald, so muß ich als Vorposten agieren. – Lebt wohl! Das Dekret als Großsiegelbewahrer wird Euch nächstens zugestellt.   Bn.

95. *An B. Schotts Söhne.*

Wien, 5. Dezember 1824.

[...] Für Ihr Journal werde ich Ihnen Beiträge liefern. Von den Lektionen beim Erzherzog Rudolf Kardinal lassen Sie ja nichts in Ihrem Journal verlauten, ich habe mich derweil wieder ziemlich von diesem Joche zu befreien gesucht; freilich möchte man Autoritäten ausüben, an die man sonst nicht gedacht, die aber diese neuen Zeiten mit sich bringen wollen zu scheinen. Danken wir Gott für die zu erwartenden Dampfkanonen und für die schon gegenwärtige Dampfschiffahrt. Was für ferne Schwimmer wird's da geben, die uns Luft und Freiheit verschaffen?! – Die Briefe, wenn sie nicht in den Wasserfluten untergegangen, müssen Sie wohl jetzt doch erhalten haben, rechnen Sie nun ganz sicher auf die richtige Absendung der beiden Werke noch in dieser Woche. – Der Himmel sei mit Ihnen. –   Ergebenster Beethoven.

96. *Albumblatt.*

Wien, 12. Januar 1825.

Handle! Sieh, die Wissenschaft machte nie glücklich. Gott ist eine feste Burg. [Kanon.]

L. v. Beethoven.

97. *An Dr. Braunhofer*[1].

[11. Mai 1825.]

Geschrieben am 11. Mai 1825, in Baden, Helenental an der zweiten Antonsbrücke nach Siechenfeld zu.

98. An Dr. Braunhofer.

Verehrter Freund!

Doktor: Wie geht's, Patient!

Patient: Wir stecken in keiner guten Haut, noch immer sehr schwach, aufstoßen usw. Ich glaube, daß endlich stärkere Medizin nötig ist, die jedoch nicht stopft, weißen Wein mit Wasser sollte ich schon trinken dürfen! denn das mephitische Bier kann mir nur zuwider sein. Mein katarrhalischer Zustand äußert sich hier folgendermaßen: nämlich ich speie ziemlich viel Blut aus, wahrscheinlich nur aus der Luftröhre; aus der Nase strömt es aber öfter, welches auch der Fall diesen Winter öfter war. Daß aber der Magen schrecklich geschwächt ist, und überhaupt meine ganze Natur, dies leidet keinen Zweifel. Bloß durch sich selbst, soviel ich meine Natur kenne, dürften meine Kräfte schwerlich wieder ersetzt werden.

Doktor: Ich werde helfen, bald Brownianer, bald Stollianer sein.

Patient: Es würde mir lieb sein, wieder mit einigen Kräften an meinem Schreibtisch sitzen zu können. Erwägen Sie dieses!

Finis. P. S. Sobald ich in die Stadt komme, sehe ich Sie, – nur Karl sagen, wann ich Sie treffe. Können Sie aber Karl selbst angeben, was noch geschehen soll (die letzte Medizin nahm ich nur einmal und habe sie verloren), so wäre dies ersprießlich. – Mit Hochachtung und Dankbarkeit Ihr Freund

Beethoven.

99. An Karl van Beethoven.

Landstraße, Ungargasse, Wohnung Nr. 345 nächst dem Bräuhause von vier Zimmer, Küche – Aussicht in die umliegenden Gärten, zu erfragen beim Hausmeister. Auch in der Hauptstraße sollen mehrere sein; – dem Hausmeister in der Ungargasse gib einen Gulden, daß er zurückhält bis Samstag, wo ich Dich, wenn das Wetter nicht zu schlecht, abhole. – Es wird an morgen liegen – ob von Michaeli oder jetzt. – Sollte ich Sonntag hereinkommen, so mache auch, daß ich Dich finde. –

Dein treuer Vater.

100. An Karl van Beethoven.

Baden, 31. Mai 1825.

Lieber Sohn! Ich gedenke Sonnabends in die Stadt zu kommen und bis Sonntag abends oder Montags früh wieder hierher mich zu begeben. – Ich bitte Dich daher, bei Dr. Bach zu fragen, um welche Stunden er jetzt gewöhnlich zu sprechen sei, sowie auch Dir den Schlüssel geben zu lassen beim Herrn Bruder Bäcker, um zu sehen, ob sich in dem Zimmer, welches der Herr unbrüderliche Bruder besitzt, soviel Einrichtung befindet, daß ich dort die Nacht über bleiben kann, ob die Wäsche rein usw. Da Donnerstag Feiertag ist und Du schwerlich herkommst, wie ich es auch nicht verlange, so könntest Du diese paar Gänge wohl machen. Sonnabends bei meiner Ankunft kannst Du mir darüber berichten, ich schicke Dir kein Geld, denn im Notfall kannst Du einen Gulden leihen im Hause. Nüchternheit ist für die Jugend nötig, und Du scheinst sie nicht genug beachtet zu haben, da Du Geld hattest, ohne daß ich es wußte und noch nicht weiß, woher? – Schöne Handlungen! Ins Theater zu gehen ist nicht ratsam jetzt, der zu großen Zerstreuung wegen, so glaube ich. – Die angeschafften 5 fl. des Herrn Dr. Reißig werde ich unterdessen pünktlich monatlich abtragen – und hiermit basta. – Verwöhnt, wie Du bist, würde es nicht schaden, der Einfachheit und Wahrheit Dich endlich zu befleißigen, denn mein Herz hat zuviel bei Deinem listigen Betragen gegen mich gelitten, und schwer ist es, zu vergessen. Und wollte ich an allem dem wie ein Jochochse, ohne zu murren, ziehen, so kann Dein Betragen, wenn es so gegen andere gerichtet ist, Dir niemals Menschen zubringen, die Dich lieben werden. Gott ist mein Zeuge, ich träume nur, von Dir und von diesem elenden Bruder und dieser mir zugeschusterten abscheulichen Familie gänzlich entfernt zu sein. Gott erhöre meine Wünsche, denn trauen kann ich Dir nie mehr.

Leider Dein Vater oder besser nicht Dein Vater.

101. An Ferdinand Ries[1].

[vermutlich Juni 1825.]

Lieber Ries! Sie dringen so sehr auf Antwort, daß ich Ihnen in diesem Augenblicke bloß das Nötigste sagen kann. Schon von Kirchhoffer wußt' ich, daß Sie London verlassen haben. Meine so gedrängte Lage ließ mich kaum dazu kommen, Ihnen nur das mindeste zu schreiben. K. übernahm die Symphonie, welche ganz sicher nicht eher als Ende Sommers herauskommen kann. Diese jetzigen Veräußerungen sind nur Präliminarien; die Zeit, welche die Londoner Philharmonische Gesellschaft sich ausbedungen hat, wird aufs genaueste gehalten werden. Bremen hat sie nie erhalten. Ebensowenig Paris, wie man mir von London aus schrieb. Was muß man nicht alles ertragen, wenn man das Unglück hat, berühmt zu werden! – Nun auf Ihre Wünsche! Mit Vergnügen werde ich Ihnen die Tempi von Christus am Ölberg durch den Metronom bezeichnen, so wankend auch noch diese Zeitbestimmung ist. Was die Symphonie betrifft, so mache ich Ihnen hierbei einen mehr ins allgemeine gehenden Vorschlag. Meine Lage macht, daß ich durch meine Noten aus meinen Nöten zu kommen suchen muß. Wäre es denn nicht möglich, daß Sie die Sache so einrichteten: ich schicke Ihnen die Symphonie in meiner oder einer wohl abgeschriebenen Partitur, hierzu noch die Messe in Partitur und die Ouvertüre, die ich für die Philharmonische Gesellschaft schrieb. Auch könnte ich noch mehrere Kleinigkeiten für Orchester geben; und für Chöre; so würde ein solcher Verein in Stand gesetzt, statt einer Akademie zwei bis drei zu geben. Vielleicht würden demselben 40 Karolinen nicht zuviel sein. Ich überlasse Ihnen die Sache; das Konzept hierzu kommt nicht von mir, sondern von denen, welche mich durch meine Noten aus meinen Nöten retten wollen. Ich nehme den innigsten Anteil an Ihrem Besitztum in Godesberg; kein Mensch kann eine neidischere

Ferdinand Ries

Freude darüber haben, dessen höchste Wünsche ein solcher Besitz erfüllen würde. Es scheint aber, daß meine Bestimmung gerade nicht so sein soll, wie ich sie wünsche. Grüßen Sie Ihren alten Vater herzlich von mir. Ich bin äußerst erfreut über sein Glück; ich umarme Sie herzlich, und hoffe Ihnen bald Näheres schreiben zu können.   Wie immer Ihr wahrer Freund Beethoven.

Schreiben Sie ebenfalls bald.

102. An Karl van Beethoven.

[1825.]

Mein lieber Sohn! Komm bald! Sei es! Bring den Brief von G . . . . wieder mit, ich habe ihn selbst kaum gelesen. Vorgestern der Sig. Fratello mit seinem Schwager, was für ein elender Mensch! Die alte Hexe, die sich wieder wie vergessen hat gestern, bringt Dir die Antwort wegen dem Buch von seinem Schwager. Findest Du noch keine Sicherheit dafür in der Antwort, so sende dem Elenden sogleich diesen Brief. Wenn Kato gegen Cäsar ausrufte: dieser und wir, was soll man gegen einen solchen?! Ich lasse den Brief, ist auch übermorgen Zeit genug. Es wird zu spät. Ich drücke mein liebevolles Siegel auf Deine Liebe, Treue und Anhänglichkeit gegen mich. Versäumst Du, so bleibe. – Wie immer Dein liebevoller für Dich sorgender

Vater.

Komm bald! Komm bald! Komm bald!

103. An Karl Holz[1].

[1825.]

Werter?! Holz! Daß Holz aber ein Neutrum ist, daran zweifelt kein Mensch; wie widersprechend ist also das Maskulinum und welche Folgen lassen sich noch sonst für das personifizierte Holz abstrahieren? Was nun unsere Angelegenheit, so bitte ich das Quartett weder sehen noch hören zu lassen. Freitags ist der einzige Tag, wo die alte Hexe, welche vor 200 Jahren sicher verbrannt worden wäre, erträglich kocht, da an diesem Tage der Teufel keine Gewalt über sie hat. Daher kommen Sie oder schreiben Sie. Dies ist alles für heute.

Ihr Freund Beethoven.

104. An Tobias Haslinger.

[20. September 1825.]

Ehemaliger Bierwirt, nunmehriger Kunstfabrikant.

Bester Herr nordamerikanischer Notenhändler, wie auch Kleinhandelnder! Nur auf einen halben Tag hier, frage ich Sie, was die Clementi'sche Klavierschule kostet ins Deutsche übersetzt; ich bitte mir gefälligst darüber sogleich Auskunft zu geben, und ob Sie selbe haben oder wo sie sonst zu finden?

Bester Herr, Hm, Hm, Hm, Hm, leben Sie recht wohl in Ihrer frisch lackierten Handelsstube, sorgen Sie, daß nun das vorige Nest ein Bierhaus werde, da alle Biertrinker gute Musikanten sind und bei Ihnen auch vorsprechen müssen.

Ihr ergebenster Beethoven.

105. An Karl van Beethoven.

Baden, 12. Oktober [1825].

Lieber Sohn! Ich erhielt Deinen Brief gestern ohne Datum und Tag. Die Hauptsache ist das Klavier, da eben die Witterung so schön und trocken, und das Steinsche später, sobald ich komme, es in Stand zu richten, da ich es ihm gern bezahlen will, weil es sonst ganz zugrunde geht. Der Tischler wird Dich wohl heute gefunden haben, um den Koffer hierher zu schaffen, da er die Läden machen will. Es wird wohl früher als Sonnabend nicht möglich sein, hereinzukommen, um alles in die neue Wohnung von des Bruders seiner bringen zu lassen. Die Alte allein dies tun lassen, geht nicht. Sollte ich aber nicht kommen, so komme Sonntags mit dem Wagen, wo Holz mit hierher gekommen ist.

Ich wünsche, daß Deine Selbstsucht gegen mich endlich nachlasse; ebensowenig tut sie mir wohl als sie Dich auf den rechten und besten Weg bringt. Fahr' nur fort, Du wirst es bereuen! Nicht, daß ich vielleicht früher sterbe, da dies Dein Wunsch wäre, sondern ich werde mich lebend gänzlich von Dir trennen, ohne Dich deswegen zu verlassen und nicht zu unterstützen. Suche den Narren, der sich so geopfert und so belohnt worden und täglich von Dir wird. Das schlimmste sind die Folgen, die für Dich sich durch Dein Betragen entstehen werden. Wer wird Dir glauben, trauen, der hört, was geschehen und wie Du tödlich mich verwundet hast und täglich verwundest. Mach', daß ich Dich zu finden weiß, ich komme, wann immer. Komme ich Sonntag, so kannst Du abends mit mir hierher. (Noch ist es außerhalb Baden besonders schön; ich mache große Spaziergänge, doch war ich gestern in Gefahr.) Allein! während mein Neffe hier sein könnte, hätte er seine Zeit nicht am Billard verspielt.

Werde ja nicht Rameaus Neffe[1].

Dein treuer Vater.

Alle Morgen bringe ich mit den Musen zu – und sie beglücken mich im Gehen auch.

Sowohl die Alte als Junge betragen sich fort niederträchtig. Gleich fort mit beiden in Wien.

106. An Karl van Beethoven.

Baden, 14. Oktober [1825].

Ich melde Dir eiligst, daß ich auch, wenn's regnet, sicher morgen vormittag komme, laß mich Dich daher sicher finden. – – – Ich freue mich, Dich wiederzusehen, und wenn noch trübe Wolken für Dich erscheinen, so schreib' es nicht vorsätzlicher Bosheit zu, sie werden völlig verscheucht werden durch Dein mir versprochenes besseres Wirken für Dein wahres, reines, auf Tätigkeit gegründetes Glück. Beim letzten Brief schwebte mir etwas vor, welches jedoch, nicht ganz richtig, eine schwarze Stimmung hervorbrachte; dies ist nach allem Vergangenen wohl leicht möglich, allein, wer wird sich wieder auch nicht freuen, wenn der Irrende wieder in die rechten Fußstapfen tritt, ja dies hoffe ich zu erleben. – Vorzüglich schmerzte mich's, daß Du Sonntags so spät gekommen und so früh wieder forteiltest. Ich komme morgen mit dem Tischler, das Hexenpack soll fort; es ist zu arg. Ehe die andere Haushälterin eintritt, kann ich den Tischler gebrauchen. – Mündlich mehreres, und Du wirst mir recht geben. – Erwarte mich also sicher morgen trotz Regen usw. –

Dein Dich an sich drückender, liebevoller Vater.

107. An Johann van Beethoven.

Wien, 28. August 1826.

Ich komme nicht.

Dein Bruder????!!!! Ludwig.

108. An Ignaz Czapka[1].

[1826.]

Euer Wohlgeboren! Herr Hofrat von Breuning und ich haben genau überlegt, was zu tun sei, und fanden doch immer, daß in diesem Augenblick nichts anderes geschehen könne, als daß Karl einige Tage (gegen seine Entfernung von hier zum Militär) bei mir zubringen muß. Seine Reden sind noch Aufwallungen von dem Eindruck, welchen meine Zurechtweisungen auf ihn gemacht, da er schon im Begriffe stand, seinem Leben ein Ende zu machen[2]. Allein er zeigte sich auch nach dieser Periode liebevoll gegen mich. Seien Sie überzeugt, daß mir die Menschheit auch in ihrem Falle immer heilig bleibt; eine Ermahnung von Ihnen würde gute Wirkung hervorbringen; auch dürfte es nicht schaden, ihn merken zu lassen, daß er ungesehen bewacht werde, während er bei mir ist. – Genehmigen Sie meine sehr hohe Achtung für Sie und betrachten Sie mich als liebenden Menschenfreund, der nur Gutes will, wo es möglich ist.   Ihr ergebenster Beethoven m. p.

109. An Karl Holz.

[1826.]

Herr Verliebter! Ich sende Ihnen hier die Symphonie[1]. Bezeichnen Sie dem Überbringer recht das Gewölb des Haslinger, damit er ihm die Symphonie zum Einbinden übergibt, ohne sich zu übergeben.

Könnte ich diesen Nachmittag die Exemplare der Clementi'schen Klavierschule abholen lassen bei Ihnen? erhalte ich eines gratis, so wird eins bezahlt; ohne gratis wird nur eins genommen und richtig bezahlt.

Karl bittet Sie um Cigarros. Könnte nun alles dieses und jenes in Ihren Händen sein diesen Nachmittag, das wäre folgenreich. Wenn Sie dächten, wie nötig es ist, noch einmal ins Spital zu gehen mit mir, daß dies wenigstens übermorgen früh geschieht. Denn wir können noch etwas erleben. Ich glaube, daß mein Herr Bruder sicher nicht kommen wird, so würden Sie wenigstens ein Vierteil Ihres Ichs übermorgen v. Döbling führen, gegen 7 Uhr zu mir zu schaffen. Nachmittags könnte es wohl nicht sein. – Herr Verliebter, ich beuge meine Knie vor der Allmacht der Liebe.

Ihr ergebenster B–n.

† Memento mori. P. S. Es wäre schön, wenn Sie von T. den Buchbinder erfragten, damit es auch zweckmäßig gebunden und aller Schmutz hinweggeräumt werde.

V(er)l(ieb)t(e)r.

110. An Karl Holz.

[1826.]

Dies für den Magistrat. – Krank zu sein unter einer solchen und einem solchen Gassenmenschen, welch' Schicksal. – Die Angekündigte ist nicht gekommen, vielleicht auch, daß man sie mit Fleiß nicht vorgelassen; am besten ist's, die Gans um die Zeit, wenn Sie bei mir sind, zu mir zu bescheiden. Es wäre ein wahrhaftes Glück, endlich eine taugliche zu finden! – Bringen Sie doch einige Bogen schönes Briefpapier, wie auch Zündhölzl, z. B. bei Rospini am Stephansplatz. Geplagter Odoardo! Die Gans kann keinen Gerstenschleim machen. Heilig ist das Vieh! Solche Menschen. Leben Sie wohl bis zu Tische.

111. An S. M. König Friedrich Wilhelm III. von Preußen.

[1826.]

Euer Majestät! Es macht ein großes Glück meines Lebens aus, daß Ew. Majestät mir gnädigst erlaubt haben, allerhöchst Ihnen gegenwärtiges Werk untertänigst zueignen zu dürfen[1].

Ew. Majestät sind nicht bloß Vater allerhöchst Ihrer Untertanen, sondern auch Beschützer der Künste und Wissenschaften: um wieviel mehr muß mich also Ihre allergnädigste Erlaubnis erfreuen, da ich selbst so glücklich bin, mich als Bürger von Bonn, unter Ihre Untertanen zu zählen.

Ich bitte Ew. M., dieses Werk als ein geringes Zeichen der hohen Verehrung allergnädigst anzunehmen, die ich allerhöchst Ihren Tugenden zolle. – Ew. Majestät untertänigst gehorsamster

Ludwig van Beethoven.

112. An Franz Wegeler.

Wien, 7. Oktober 1826.

Mein alter geliebter Freund! Welches Vergnügen mir Dein und Deiner Lorchen Brief verursachte, vermag ich nicht auszudrücken. Freilich hätte pfeilschnell eine Antwort darauf erfolgen sollen, ich bin aber im Schreiben überhaupt etwas nachlässig, weil ich denke, daß die besseren Menschen mich ohnehin kennen. Im Kopf mache ich öfter die Antwort, doch wenn ich sie niederschreiben will, werfe ich die Feder meistens weg, weil ich nicht so zu schreiben imstande bin, wie ich fühle. Ich erinnere mich aller Liebe, die Du mir stets bewiesen hast, z. B. wie Du mein Zimmer weißen ließest und mich so angenehm überraschtest. Ebenso von der Familie Breuning. Kam man voneinander, so lag das im Kreislauf der

Dinge; jeder mußte den Zweck seiner Bestimmung verfolgen und zu erreichen suchen; allein die ewig unerschütterlichen festen Grundsätze des Guten hielten uns dennoch immer fest zusammen verbunden. Leider kann ich heute Dir nicht soviel schreiben, als ich wünschte, da ich bettlägerig bin, und beschränke mich darauf, einige Punkte Deines Briefes zu beantworten.

Du schreibst, daß ich irgendwo als natürlicher Sohn des verstorbenen Königs von Preußen angeführt bin; man hat mir davon vor langer Zeit ebenfalls gesprochen. Ich habe mir aber zum Grundsatz gemacht, nie weder etwas über mich selbst zu schreiben, noch irgend etwas zu beantworten, was über mich geschrieben worden. Ich überlasse Dir daher gerne, die Rechtschaffenheit meiner Eltern und meiner Mutter insbesondere der Welt bekanntzumachen. Du schreibst von Deinem Sohne. Es versteht sich wohl von selbst, daß, wenn er hierher kommt, er seinen Freund und Vater in mir finden wird, und wo ich imstande bin, ihm in irgend etwas zu dienen oder zu helfen, werde ich es mit Freude tun.

Von Deiner Lorchen habe ich noch die Silhouette, woraus zu ersehen, wie mir alles Gute und Liebe aus meiner Jugend noch teuer ist.

Von meinen Diplomen schreibe ich nur kürzlich, daß ich Ehrenmitglied der k. Gesellschaft der Wissenschaften in Schweden, ebenso in Amsterdam und auch Ehrenbürger von Wien bin. – Vor kurzem hat ein gewisser Dr. Spieker meine letzte große Symphonie mit Chören nach Berlin mitgenommen; sie ist dem Könige gewidmet, und ich mußte die Dedikation eigenhändig schreiben. Ich hatte schon früher bei der Gesandtschaft um die Erlaubnis, das Werk dem Könige zueignen zu dürfen, angesucht, welche mir auch von ihm gegeben wurde. Auf Dr. Spiekers Veranlassung mußte ich selbst das korrigierte Manuskript mit meinen eigenhändigen Verbesserungen demselben für den König übergeben, da es in die königl. Bibliothek kommen soll. Man hat mich da etwas von dem Roten Adlerorden 2. Klasse hören lassen; wie es ausgehen wird, weiß ich nicht. Denn nie habe ich derlei Ehrenbezeigungen gesucht, doch wäre sie mir in diesem Zeitalter wegen manches anderen nicht unlieb.

Beethoven spazierend

Es heißt übrigens bei mir immer: Nulla dies sine linea[1], und lasse ich die Muse schlafen, so geschieht es nur, damit sie desto kräftiger erwache. Ich hoffe, noch einige große Werke zur Welt zu bringen und dann wie ein altes Kind irgendwo unter guten Menschen meine irdische Laufbahn zu beschließen.

Du wirst bald durch die Gebrüder Schott in Mainz einige Musikalien erhalten. Das Porträt[2], welches Du beiliegend bekommst, ist zwar ein künstlerisches Meisterstück, doch ist es nicht das letzte, welches von mir verfertigt wurde. – Von den Ehrenbezeigungen, die Dir, ich weiß es, Freude machen, melde ich Dir noch, daß mir von dem verstorbenen König von Frankreich eine Medaille zugesandt wurde mit der Inschrift: Donné par le Roi à Monsieur Beethoven, welche von einem sehr verbindlichen Schreiben des premier gentilhomme du Roi, duc de Chârtres begleitet wurde[3].

Mein geliebter Freund! Nimm für heute vorlieb. Ohnehin ergreift mich die Erinnerung an die Vergangenheit und nicht ohne viele Tränen erhältst Du diesen Brief. Der Anfang ist nun gemacht, und bald erhältst Du wieder ein Schreiben; und je öfter Du mir schreiben wirst, desto mehr Vergnügen wirst Du mir machen. Wegen unserer Freundschaft bedarf es von keiner Seite einer Anfrage, und so lebe wohl. Ich bitte Dich, Dein liebes Lorchen und Deine Kinder in meinem Namen zu umarmen und zu küssen und dabei meiner zu gedenken. Gott mit Euch allen! – Wie immer Dein treuer, Dich ehrender, wahrer Freund

Beethoven.

113. An Johann Andreas Stumpff[1].

Wien, 8. Februar 1827.

[...] Leider liege ich schon seit 3. Dez. an der Wassersucht darnieder. Sie können denken, in welche Lage mich dieses bringt. Ich lebe gewöhnlich nur von dem Ertrage meiner Geisteswerke, alles für mich, für meinen Karl davon zu schaffen. Leider seit 2½ Monaten war ich nicht imstande eine Note zu schreiben. Mein Gehalt beträgt so viel, daß ich davon den Wohnungszins bestreiten kann, dann bleiben noch einige hundert Gulden übrig. Bedenken Sie, daß sich das Ende meiner Krankheit noch gar nicht bestimmen läßt und es endlich nicht möglich sein wird, gleich mit vollen Segeln auf dem Pegasus durch die Lüfte zu segeln. Arzt, Chirurgus, Apotheker, alles wird bezahlt werden müssen. – Ich erinnere mich recht wohl, daß die philharmonische Gesellschaft vor mehreren Jahren ein Konzert zu meinem Besten geben wollte. Es wäre für mich ein Glück, wenn sie jetzt diesen Vorsatz von neuem fassen wollte, ich würde vielleicht aus aller mir bevorstehenden Verlegenheit doch gerettet werden können. Ich schreibe deswegen an Sir G. Smart[2], und können Sie, werter Freund, etwas zu diesem Zwecke beitragen, so bitte ich Sie, sich mit ihm zu vereinigen; auch an Moscheles wird deshalb geschrieben, und in Vereinigung aller meiner Freunde glaube ich, daß sich in dieser Sache doch etwas für mich wird tun lassen.

114. An Ignaz Moscheles[1].

Wien, 22. Februar 1827.

Mein lieber Moscheles! Ich bin überzeugt, daß Sie es nicht übelnehmen, daß ich Sie ebenfalls, wie Sir G. Smart[2], an den hier ein Brief beiliegt, mit einer Bitte belästige. Die Sache ist in Kürze diese: Schon vor einigen Jahren hat mir die philharmonische Gesellschaft in London die schöne Offerte gemacht, zu meinem Besten ein Konzert zu veranstalten. Damals war ich gottlob! nicht in der Lage, von diesem edlen Antrage Gebrauch machen zu müssen. Ganz anders aber ist es jetzt, wo ich schon bald volle drei Monate an einer langwierigen Krankheit daniederliege. Es ist die Wassersucht; Schindler wird Ihnen beiliegend mehr davon sagen. Sie kennen seit lange mein Leben, wissen auch, wie und von was ich lebe. Ans Schreiben ist jetzt lange nicht zu denken, und so könnte ich leider in die Lage versetzt werden, Mangel leiden zu müssen. Sie haben nicht nur ausgebreitete Bekanntschaften in London, sondern auch bedeutenden Einfluß bei der philharmonischen Gesellschaft; ich bitte sie daher, dieses soviel als Ihnen möglich anzuwenden, damit die Gesellschaft jetzt von neuem diesen Entschluß fassen und bald in Ausführung bringen möge. Des Inhalts ist auch der beiliegende Brief an Sir Smart, sowie ich einen bereits an Herrn Stumpff abschickte. Ich bitte Sie, dem Sir Smart den Brief einzuhändigen und sich zur Beförderung dieses Zweckes mit ihm und allen meinen Freunden in London zu vereinigen.

Ihr Freund Beethoven.

115. An Johann Freiherr von Pasqualati[1].

[1827.]

Verehrter Freund! Ich bitte heute wieder um ein Kirschenkompott, jedoch ohne Zitronen, ganz simpel. Auch eine leichte Mehlspeise, beinahe an Brei erinnernd, würde mich sehr freuen; meine brave Köchin ist bis jetzt zur Krankenspeise noch nicht geschickt. Champagner ist mir erlaubt, nur bitte ich für den ersten Tag mir ein Champagnerglas mitzuschicken. – Nun den Wein betreffend; Malfatti wollte gleich mir Moselwein; allein er behauptete, daß kein echter hier zu haben sei, er gab also selbst Gumpoldskirchner mehrere Flaschen und behauptete, daß dieser der beste sei für meine Gesundheit, da nun einmal kein echter Moselwein zu haben sei. – Verzeihen Sie mir mein beschwerlich fallen und schreiben Sie zum Teil meiner hilflosen Lage zu.

Hochachtungsvoll Ihr Freund Beethoven.

116. An Ignaz Moscheles.

Wien, 18. März 1827.

Mit welchen Gefühlen ich Ihren Brief vom 1. März durchgelesen, kann ich gar nicht mit Worten schildern. Dieser Edelmut der philharmonischen Gesellschaft[1], mit welchem man beinahe meiner Bitte zuvorkam, hat mich bis in das Innerste meiner Seele gerührt. Ich ersuche Sie daher, lieber Moscheles, das Organ zu sein, durch welches ich meinen innigsten Dank für die besondere Teilnahme und Unterstützung an die philharmonische Gesellschaft gelangen lasse. (Sagen Sie diesen würdigen Männern, daß, wenn mir Gott meine

Gesundheit wieder wird geschenkt haben, ich mein Dankgefühl auch durch Werke werde zu realisieren trachten und daher der Gesellschaft die Wahl überlasse, was ich für Sie schreiben soll. Eine ganze skizzierte Symphonie[2] liegt in meinem Pulte, ebenso eine neue Ouvertüre oder auch etwas anderes. Rücksichtlich der Akademie, die die philharmonische Gesellschaft für mich zu geben beschlossen hat, bitte ich die Gesellschaft, ja dies Vorhaben nicht aufzugeben. Kurz, alles, was die Gesellschaft nur wünscht, werde ich mich zu erfüllen bestreben, und noch nie bin ich mit solcher Liebe an ein Werk gegangen, als es hier der Fall sein wird. Möge mir der Himmel nur recht bald wieder meine Gesundheit schenken, und ich werde den edelmütigen Engländern zeigen, wie sehr ich ihre Teilnahme an meinem traurigen Schicksale zu würdigen weiß.)

Ich fand mich genötigt, sogleich die ganze Summe von tausend Gulden K.-M. in Empfang zu nehmen, indem ich gerade in der unangenehmen Lage war, Geld aufzunehmen. –

Ihr edles Benehmen wird mir unvergeßlich bleiben, sowie ich noch insbesondere Sir Smart und Herrn Stumpff meinen Dank nächstens nachtragen werde. Die metronomisierte neunte Symphonie bitte ich der philharmonischen Gesellschaft zu übergeben. Hier liegt die Bezeichnung bei.

Ihr Sie hochschätzender Freund Beethoven.

117. Testament (Kodizill).

Wien, 23. März 1827.

Mein Neffe Karl soll Alleinerbe sein. Das Kapital meines Nachlasses soll jedoch seinen natürlichen oder testamentarischen Erben zufallen.

Ludwig van Beethoven.

Anmerkungen

Der Text folgt den Ausgaben:
Ludwig van Beethovens sämtliche Briefe. Herausgegeben von Emerich Kastner. Völlig umgearbeitete und wesentlich vermehrte Neuausgabe von Dr. Julius Kapp. Leipzig: Hesse & Becker Verlag, 1923;
Beethoven: Dreizehn unbekannte Briefe an Josephine Gräfin Deym geb. v. Brunsvik. Einführung und Übertragung von Joseph Schmidt-Görig. © Verlag des Beethovenhauses, Bonn 1957.
Im folgenden bezeichnet die erste Ziffer die Briefnummer, die zweite Ziffer die Anmerkungsnummer innerhalb des jeweiligen Briefes.

1. *1 Kurfürst Max Friedrich von Köln* (1708-1784); ihm widmete Beethoven »Drei Sonaten fürs Klavier«.

   2 Beethoven, geboren am 16. oder 17. 12. 1770, glaubte noch bis 1810, 1772 geboren worden zu sein.

3. *1 Eleonore Brigitte von Breuning* (1772-1841); war Beethovens Klavierschülerin in Bonn. Sie heiratete 1802 seinen Jugendfreund Franz Wegeler.

   2 Barbara Koch, spätere Gräfin Belderbusch; hielt einen Tisch für Kostgänger in Bonn.

   3 Karl August Freiherr von Malchus (1770-1840), Privatsekretär des österreichischen Gesandten in Bonn.

   4 Gemeint sind die 1794 bei Simrock erschienenen zweihändigen Klaviervariationen über ein Thema aus Dittersdorfs Singspiel »Das rote Käppchen«.

   5 Anspielung auf einen gewissen Gelinek, einen »Variationskomponisten« (Leitzmann), der sich oft in Beethovens Nähe einquartiert hatte, um ihn belauschen zu können.

4. *1 Nikolaus Simrock* (1752-1834), Musikverleger in Bonn.

   2 Die zweihändigen Variationen über ein Thema von Dittersdorf.

   3 Franz Ries (1755-1846); siehe Anmerkung zu Nr. 101.

   4 Oktett für Blasinstrumente, in Bonn komponiert, aber erst postum als op. 103 publiziert.

5. *1 Franz Gerhard Wegeler* (1765-1848); intimer Jugendfreund Beethovens, später Professor der Medizin in Bonn und praktischer Arzt in Koblenz, hielt sich von 1794 bis 1796 in Wien auf, wo er zuvor studiert hatte.

6. *1 Nikolaus von Zmeskall von Domanowecz*, ungarischer Diplomat und Cellist; einer von Beethovens besten Freunden in Wien. Ihm ist das Streichquartett in f-moll (op. 95) gewidmet.

8. *1 Johann Nepomuk Hummel* (1778-1837), Komponist und Klaviervirtuose; einst Lieblingsschüler von Mozart.

   2 Ignaz Schuppanzigh (1776-1830), Violinist.

9. *1 Friedrich von Matthisson* (1761-1831), Lyriker.

   2 Beethovens Komposition der »Adelaide« (op. 46) war 1797 erschienen.

   3 Beethoven komponierte Matthissons Gedichte »Andenken« und »Opferlied« (op. 121 b).

   4 »Erinnern Sie sich bei Durchspielung der Adelaide zuweilen Ihres Sie wahrhaft verehrenden Beethoven.«

10. *1 Carl Amenda* (1771-1836), Kurländer Musiker und Theologe, von 1798 bis 1800 Vorleser bei der Fürstin Lobkowitz; gehörte zum engsten Freundeskreis Beethovens.

    2 Die weggelassenen Namen konnten nicht ermittelt werden.

    3 Fürst Karl Lichnowsky (1758-1814), einer der wichtigsten Musikförderer in Wien; Schüler und Freund Mozarts. Ihm widmete Beethoven die drei Klaviertrios (op. 1), die Klaviersonaten (op. 13 und op. 26) sowie die zweite Symphonie (op. 36).

    4 Gemeint ist *Stephan von Breuning* (1774-1827), Eleonore von Breunings Bruder.

    5 Das erste der sechs Streichquartette, die in wesentlich umgearbeiteter Form 1801 als op. 18 erschienen.

11. *1 Peter Frank* (1745-1821), Direktor des allgemeinen Krankenhauses in Wien.

    2 Gerhard von Vering, Feldstabsarzt und Chirurg.

    3 Eleonore von Breuning, seit 1802 Wegelers Gattin.

    4 Artaria: Kunst- und Musikalienhandlung in Wien.

    5 Stoffel: *Christoph von Breuning*, Eleonore von Wegelers älterer Bruder.

12. *1* Sie blieb unbekannt.

    2 Nikolaus Esterhazy (1765-1833).

13. *1 Johann Adam Schmidt* (1759-1808), Augenarzt, Professor an der Wiener Universität.

14. *1 Franz Anton Hofmeister* (1754-1812); begründete 1800 in Leipzig das Bureau de musique.

    2 Gemeint ist vermutlich die Klaviersonate in As-Dur (op. 26).

15. *1* Der Name des jüngeren Bruders, Johann, fehlt im Original.

17. *1 Gottlieb Wiedebein* (1779-1854), Hofkapellmeister.

18. *1 Willibrord Joseph Mähler* (gest. 1860), Rheinländer, Maler, Dichter und Musiker; porträtierte Beethoven um 1804 mehrmals.

19. *1 Josephine Gräfin Deym*, geb. von Brunsvik (1779-1821). Sie wurde wie ihre Schwester Therese (siehe Nr. 31) 1799 Schülerin Beethovens. Im selben Jahr heiratete sie den Grafen Deym, der 1804 verstarb. Vermutlich zwischen 1804 und 1808 stand sie in näherer Beziehung zu Beethoven. 1810 heiratete sie Baron Christoph von Stackelberg.

25. *1 Marie Bigot* (1786-1820), Pianistin; Schülerin Beethovens.
2 Gatte von Marie Bigot; er war Bibliothekar beim Grafen Rasumowsky.

28. *1 Ignaz von Gleichenstein*, Cellist; enger Freund Beethovens. Heiratete 1811 *Anna Malfatti*, Schwester von Therese M. (siehe Nr. 30). Beethoven widmete ihm die Cellosonate in A-Dur (op. 69).

30. *1 Therese von Malfatti* (1793-1851), gute Klavierspielerin, Tochter eines Gutsbesitzers; von Beethoven umschwärmt. Heiratete 1811 Baron Drosdick.
2 Gemeint ist wohl Goethes Lied »Freudvoll und leidvoll« aus dem »Egmont«, das sich im Nachlaß der Adressatin fand.
3 Egmont zu Ferdinand (Fünfter Aufzug).
4 Schlegels Übersetzungen erschienen zwischen 1797 und 1801 in neun Bänden.

31. *1 Therese von Brunsvik* (1775-1861), Schwester des Grafen Franz von Brunsvik; sie war Beethovens langjährige intime Freundin. Ihr ist die Klaviersonate op. 78 gewidmet.

32. *1 Bettina von Arnim*, geb. von Brentano (1785-1859), Schwester des Dichters Clemens von Brentano und (seit 1811) Gattin Achim von Arnims. Die beiden anderen bekannten Briefe Beethovens an Bettina sind nicht authentisch, sondern ihre eigenen Dichtungen. Bettinas besonderes Anliegen war es gewesen, zwischen Goethe und Beethoven zu vermitteln.
2 Antonie von Brentano, geb. von Birkenstock, heiratete Bettinas Stiefbruder Franz; lebte mit ihm von 1809 bis 1812 in Wien. Ihr hat Beethoven die Variationen über einen Walzer von Diabelli (op. 120) gewidmet.
3 »Sprache gab mir einst Ramler und Stoff mein Cäsar, da nahm ich/ Meinen Mund etwas voll, aber ich schweige seitdem.«

4 »Jungfrau von Orleans« IV, 2; V. 2658.

5 Kantate Clemens Brentanos auf den Tod der Königin Luise von Preußen. Nicht von Beethoven, sondern von Reichardt vertont.

33. *1* Goethe antwortete auf den Brief am 25. Juni 1811 sehr warmherzig.

2 Franz Oliva, Angestellter in einem Wiener Bankhaus. Der kunstbegeisterte junge Mann stand einige Jahre in engeren Beziehungen zu Beethoven. Er übergab Goethe den Brief persönlich am 2. Mai 1811. Ihm sind die Klaviervariationen op. 76 gewidmet.

34. *1 Christoph August Tiedge* (1752-1841), Verfasser der »Urania«.

2 Der Brief hat eigentlich drei Adressaten.

3 Charlotte Elisabeth Constantia von der Recke (1756-1833), deren Reisebegleiter Tiedge damals war.

4 Amalie Sebald, siehe Nr. 38.

5 Erzherzog Rudolf, siehe Nr. 53.

35. *1* Klaviersonate in Es-Dur (op. 81 a).

2 In der Allgemeinen musikalischen Zeitung vom 22. Mai 1811 erschien eine Kritik des Streichquartetts in Es-Dur (op. 74).

3 Chorphantasie (op. 80).

37. *1* Vermutlich eine damals zehnjährige Verehrerin aus Hamburg, die Beethoven eine selbstgearbeitete Brieftasche übersandt hatte.

38. *1 Amalie Sebald* (1787-1839), Sängerin, gebürtige Berlinerin; Schülerin Zelters, die Beethoven 1811 in Teplitz kennenlernte.

48. *1 Georg Friedrich von Treitschke* (1776-1842), Dramatiker und Regisseur; Freund und Bewunderer Beethovens. Übernahm 1814 die Revision des »Fidelio«-Librettos.

49. *1 Marie Gräfin Erdödy*, geb. Niszky (1779-1837), ausgezeichnete Klavierspielerin. Ihr sind die beiden Klaviertrios op. 70 und die zweite Auflage der Cellosonaten op. 102 gewidmet.

53. *1 Erzherzog Rudolph von Österreich* (1788-1831), jüngster Sohn Kaiser Leopolds II.; Beethovens Schüler, Freund und Gönner. Eine ganze Reihe der größeren Werke Beethovens sind ihm gewidmet. Die »Missa solemnis« war für seine Inthronisation 1819 als Erzbischof in Olmütz bestimmt, wurde aber erst 1822 vollendet.

55. *1 Anna Hauptmann*, geb. Milder (1785-1838), war die berühmteste Sängerin der Wiener, später der Berliner Oper. Für sie hat Beethoven die Rolle des Fidelio geschrieben.

2 Gemeint sind Aufführungen des »Fidelio« am 14. und 17. Oktober 1815.

3 Bernhard Anselm Weber (1766-1821), Kapellmeister an der Berliner Oper.

56. *1 Cajetan Giannatasio del Rio,* Wiener Pädagoge und Leiter eines Erziehungsinstituts. Dessen Tochter, *Fanny del Rio,* war eine Verehrerin Beethovens.

2 Karl van Beethoven, Sohn von Beethovens 1815 verstorbenem Bruder Karl Kaspar; Beethoven war seit 1815 der Vormund seines Neffen (geb. 1806). Für Beethoven hatte diese Vormundschaft schwere psychische und materielle Belastungen zur Folge.

58. *1 Karl van Beethoven,* siehe Nr. 56.

63. *1 Dorothea von Ertmann,* geb. Graumann (1781-1849), Gattin eines Infanterieobersten in St. Pölten, ausgezeichnete Klavierspielerin.

2 Die Klaviersonate op. 101.

3 Karl Czerny (1791-1857), Klavierpädagoge; er war ein Schüler Beethovens.

65. *1 Nanette Streicher,* geb. Stein (1769-1833), Gattin des Klavierfabrikanten *Andreas Streicher* (der als Jugendfreund Schillers bekannt ist). Sie stand Beethoven jahrelang in lebenspraktischen Fragen zur Seite.

68. *1 Marie Pachler* (1794-1855), Pianistin.

71. *1 Johann Nepomuk Mälzel* (1772-1838); Erfinder des nach ihm benannten Metronoms, Konstrukteur mechanischer Musikinstrumente und musikalischer Automaten.

72. *1 Ignaz Franz Edler von Mosel* (1772-1844), Musikschriftsteller.

2 Siehe Nr. 71.

78. *1 Tobias Haslinger* (1787-1842), Musikalienhändler in Wien; seit 1826 Alleininhaber der Firma Steiner & Kompanie.

79. *1 Franz von Brentano* (1765-1844), Bettinas Halbbruder, Ratsherr der Stadt Frankfurt am Main.

81. *1* Beethovens Brief blieb unbeantwortet, da Goethe in jener Zeit schwer erkrankt war.

2 Komponiert 1815 als op. 112, »Dem unsterblichen Goethe hochachtungsvoll« gewidmet.

3 Aus Terenz' »Andria« (I, 1, 41): »Wahrheit erzeugt Abneigung«.

4 Fragment gebliebene Kompositionen.

82. *1 Johann Baptist Bach* (1779-1847), Dr. jur.; Beethovens Rechtsberater seit 1816.

83. *1 Anton Schindler* (1796-1864); kannte Beethoven seit 1814; von 1819

bis zu dessen Tod sein wichtigster Vertrauter und Ratgeber. Veröffent-
lichte 1839 die erste wichtige Biographie über den Komponisten.
Wirkte von 1835 bis 1847 als städtischer Musikdirektor und Domka-
pellmeister in Aachen; von 1848 bis zu seinem Tode lebte er in Frankfurt am Main als Schriftsteller und Musiklehrer.

85. *1 Graf Moritz Lichnowsky*, siehe Nr. 10.

88. *1 Anton Diabelli* (1781-1858), Musikverleger.

2 Gemeint ist der Erzherzog Rudolf.

90. *1 Karl Bernard* (1775-1850), Redakteur der k. k. Wiener Zeitung.

92. *1 Vinzenz Hauschka* (1766-1840), Violoncellist.

97. *1 Dr. Braunhofer;* einer der Ärzte Beethovens.

101. *1 Ferdinand Ries* (1784-1838); von 1801 bis 1805 Schüler Beethovens. Sein
Vater, *Franz Ries*, wirkte als Konzertmeister in Bonn, wo er auch dem
jungen Beethoven Violin-Unterricht erteilt hatte. Ferdinand Ries wirkte
von 1813 bis 1824 als Dirigent, Pianist und Komponist in London.

103. *1 Karl Holz* (1798-1858), Kanzleibeamter in Wien; zeitweise zweiter
Violinist im Schuppanzighschen Quartett.

105. *1* Anspielung auf Denis Diderots »Le Neveu de Rameau« (1761),
deutsch, von Goethe übersetzt, 1805 erschienen.

108. *1 Ignaz Czapka*, Magistratsrat.

2 Anfang August 1826; nach seinem Selbstmordversuch mußte Karl
bis Ende September im Hospital bleiben.

109. *1* Gemeint ist Beethovens Neunte Symphonie.

111. *1* Friedrich Wilhelm III. von Preußen bedankte sich für die Neunte
Symphonie (op. 125) am 25. November 1826 und übersandte einen
Brillantring.

112. *1* »Kein Tag ohne Linie«, Plinius schreibt diesen Ausspruch dem römi-
schen Maler Apelles zu.

2 Lithographie nach Stielers Gemälde.

3 Ludwig XVIII. übersandte die Medaille mit einem Schreiben am 20.
Februar 1824.

113. *1 Johann Andreas Stumpff*, Harfinist und Harfenfabrikant in London;
gebürtiger Thüringer. Besuchte Beethoven 1824; schenkte ihm 1826
die Sämtlichen Werke Händels.

2 Sire George Smart, siehe Nr. 114.

114. *1 Ignaz Moscheles* (1794-1870), Pianist und Komponist; erarbeitete
1814 einen Klavierauszug des »Fidelio«; lebte seit 1821 als Klavierleh-
rer in London.

2 *Sir George Smart* (1778-1867), Dirigent und Gründer der Londoner Philharmonic Society.

115. 1 *Johann Baptist Freiherr von Pasqualati zu Osterburg* (1777-1830); Freund und Förderer Beethovens, der wiederholt in Pasqualatis Haus auf der Mölker Bastei wohnte.

116. 1 Die Londoner Philharmonic Society wies Beethoven hundert Pfund zur sofortigen Auszahlung an und stellte ihm in Aussicht, ihn auch künftig finanziell zu unterstützen.

2 Barry Cooper publizierte 1988 seinen umstrittenen Versuch einer »Rekonstruktion« der Zehnten Symphonie anhand der überlieferten Skizzen.

Zu den Abbildungen

Soweit nicht anders vermerkt, stammen die Bilder dieser Ausgabe aus dem Bildarchiv des Insel Verlages.

Nach-Worte oder:
»Nun geschwind zum Inneren vom Äußeren.«

I

Wie sich ihm nähern? Soll man die Wege nachgehen, die er gegangen ist, in Döbling, Heiligenstadt, in Baden und Mödling? Soll man stundenlang eine Seite aus den Konversationsheften neu zu entziffern versuchen, imaginäre Gespräche mit dem tauben, wortkargen Komponisten führen? Wäre es hilfreich, tagein tagaus von einer Beethoven-Stätte zur anderen zu pilgern, sich vorzustellen, wie er im Pasqualati-Haus polterte und in der Probusgasse litt? Oder käme es allein darauf an, den Ganztönen nachzulauschen, in die er die Worte »seid umschlungen Millionen...« transponiert hat und die Dauer und Sehnsucht, Schweben wie Hoffnung auszudrücken scheinen? »... mein Reich ist in der Luft, wie der Wind oft, so wirbeln die Töne, so oft wirbelt's auch in meiner Seele«, schreibt Beethoven im Februar 1814 an den Grafen Brunsvik.

Zu den Briefen also. Zwar hat Beethoven sich selbst die Fähigkeit abgesprochen, sich brieflich wirklich äußern zu können, doch dieser Zweifel an seinem wortsprachlichen Ausdrucksvermögen war wohl Teil seiner recht planmäßig betriebenen Selbststilisierung, der zufolge er sich nur in Tönen zu artikulieren wußte. Beethoven zu wörtlich nehmend, konnte Albert Leitzmann sogar behaupten: »... den wahrhaft künstlerischen Reiz der Schilderung... wird man bei Beethoven, dem eine ungenügende Erziehung und eine zeitlebens mangelhafte Bildung die Wege zur rechten Befreiung und Beflügelung des Geistes versperrten, vergeblich suchen.« Leitzmann bemerkte gar nicht, daß seine eigene Auswahl der Briefe Beethovens diese Behauptung gründlich widerlegen konnte. Anders der von Sibelius, Shaw und Thomas Mann geschätzte Außenseiter unter den Beethovenianern, der 1965 in Florida verstorbene albanische Musikkritiker Fan S. Noli, der in seiner 1947 erschienenen Studie *Beethoven and the French Revolution* meinte: Es gibt genügend Briefe Beethovens, »aus denen sich eine Sammlung außergewöhnlicher, feuriger, leidenschaftlicher und kurzer Beethovenscher Prosa zusammenstellen ließe, die gut genug ist, um zu den Meisterwerken deutscher Literatur gezählt zu werden«.

Nein, Beethoven war kein Novellist; seine Meisterwerke waren ausschließlich musiksprachlicher Art. Mehrfach bekundete er, in seinen Briefen wie in seinem Tagebuch, daß er mit seiner Kunst zum Erhabenen vordringen wollte: Folglich mußte er sich am Alltäglichen, an der vom Allzumenschlichen bedingten Lebenswelt mit all ihren Banalitäten stoßen, vom Trivialen sich beleidigt fühlen. Und doch kostete er es aus: Ausgiebig berichtet er über Alltagsdinge (»Eine Portion Abwischfetzen brauchen wir als praeliminaria zur künftigen Haushaltung«), die Qualität der Matratzen sorgen ihn ebenso wie die neuesten Brechpulver. Aber auch das zuweilen Künstlerische seiner Briefprosa ist unübersehbar. Der ihr eigentümliche Expressionismus, der zwischen rhythmischen Satzperioden, gewitzten bis brillanten Sprachspielen, scheinbar ungebändigter Ausdruckslust und kalkuliert eingesetztem Kanzleistil wechselt, verdient es, eigens bedacht zu werden.

Zwar muß bei der Lektüre der Briefe Beethovens das Interesse an ihrem autobiographischen Inhalt überwiegen, es lohnt jedoch auch, den Blick für ihre Struktur zu schärfen, für die Umsetzung seines Sprachgefühls und die *Art* seines Sich-Mitteilens. Denn es zeigt sich, daß Beethoven immer wieder versuchte, das bloß Autobiographische phantasievoll zu überformen, sei es durch seine Lust am Wortspiel und an Namensvariationen, sei es, indem er Träume erzählte; wie in seinem Brief an Tobias Haslinger, dem er am 10. September 1821 aus Baden über eine »Traumreise« nach Syrien und Indien schrieb, um den Traum schließlich in einen Kanon münden zu lassen.

Auffallend auch jene Stellen in Beethovens Briefen, die wohl symbolisch gedeutet sein wollen. Im ersten der überlieferten Briefe an die »Unsterbliche Geliebte« berichtet er von einem Wagenbruch, die Unmöglichkeit einer gemeinsamen »Reise durchs Leben« bereits ahnend. Symbolisch auch die Umstände seines Briefeschreibens und -versendens. Vielfach scheinen seine Briefe die Adressaten nicht erreicht zu haben. Er erklärt: »gestern brachte ich einen Brief auf die Post, wo man mich fragte, wo der Brief hin soll? – Ich sehe daher, daß meine Schrift vielleicht ebensooft als ich selbst mißdeutet werde –« (Brief vom 9. Oktober 1813). Zahllos seine Klagen über falsch gestochene Noten (aufgrund seiner kaum leserlichen Vorlagen). Nicht minder vielsagend war sein Interesse an technischen Innovationen, an Ohren- und Flugmaschinen, am Metronom, an Dampfschiff und Eisenbahn; sogar die Konstruktion eines Fahrstuhls erwog er. Treffend bemerkte Harry Goldschmidt: »Homo faber und homo ludens sind ihm Zwillinge, die wahren Söhne des Prometheus.« Mehr noch: In der Technik erkennt er ein Symbol der Innovation und Präzision, auf die es ihm ankommt – trotz seiner chaotisch verstreuten Skizzen und Notate. Verzweifelt sucht er nach Ordnung inmitten seiner ständigen Haushaltsauflösungen.

Dem Metronom schreibt er sogar volkspädagogische Wirkung zu. Als er erkennt, daß die politischen Verhältnisse restaurativ werden, prangert er die »gänzliche moralische Verderbtheit des österreichischen Staates« an (Brief vom 7. Juli 1817) und hält ihr die ästhetisch-sittliche Wirkung des Metronoms entgegen, das den Menschen zu umfassendem »Taktgefühl« erziehe.

In den Briefen Beethovens finden sich zusammenhängende Darstellungen, impressionistische Skizzen, Erlebnisberichte und Reflexionen. Eine Denkschrift, die er in Sachen Vormundschaft für seinen Neffen Karl im Februar 1820 verfaßte, eine gegen seine Schwägerin gerichtete Schmähschrift, gleichzeitig ein Musterbeispiel für Beethovens Kunst der Selbstdarstellung, umfaßt knapp zwanzig Druckseiten. Sie ist nicht nur ein rhetorisch-stilistisches Bravourstück; sie liefert auch einen Beweis seiner erstaunlichen Rechtskenntnisse.

Charakteristisch für diese Denkschrift wie auch für zahlreiche Briefe ist Beethovens Eigenart, von (zumeist lateinischen) Sprichwörtern auszugehen, sich einer bestimmten Denktradition zu versichern, um sich nicht selten wieder von ihrem Geist abzusetzen, ja, ihm zu widersprechen. »Lite abstine, nam vicens, multum amiseris«, zitiert er zu Anfang seiner Denkschrift, die jedoch das Gegenteil dieser Maxime (»Enthalte dich des Streites, denn auch wenn du siegst, wirst du viel verlieren«) darstellt. Beethoven sah sich freilich nicht nur in diesen einen Rechtsstreit tragisch verwickelt. Seine fortschreitende Ertaubung hatte ihn in einen metaphysischen »Streit mit Natur und Schöpfer« geraten lassen, den er in seinen ausführlichen Briefen der Jahre 1801 und 1802, einschließlich seines »Heiligenstädter Testaments«, tief bewegend darzustellen wußte.

Eine ruhige Tonlage kennen seine Briefe nicht; sie zeugen von seinem inneren Ringen. Alle ihm zu Gebote stehenden Sprachzeichen gebraucht er, um sich Luft zu verschaffen. Zur Ruhe scheint er nur zu kommen, wenn ihm Maximen gelingen, in Briefen, auf Skizzenblättern. Das eigentliche Gegengewicht zu seinem Streiten mit Gott und der Welt findet er gültig in seiner Musik, namentlich in seinen späten Quartetten, etwa im Adagio des Es-Dur-Quartetts (op. 127) und im a-moll-Quartett (op. 132). Bezeichnenderweise ist die »Ruhe« im a-moll-Quartett nur in einer fremdartigen Tonart vernehmbar, in der lydischen Kirchentonart, so, als ließe sich die Ruhe nur aus einer anderen Welt gewinnen. Schillers Bestimmung der Ruhe, wie er sie in seinem Versuch *Über naive und sentimentalische Dichtung* vorgenommen hatte, kommt dieser Beethovenschen Ruhe inhaltlich am nächsten. Meinte er doch eine »Ruhe, die aus dem Gleichgewicht nicht aus dem Stillstand der Kräfte, die aus der Fülle nicht aus der Leerheit fließt, und von dem Gefühle eines unendlichen Vermögens begleitet wird«.

In den Jahren der Schaffenskrise – zwischen 1816 und 1819 – kommt Beethovens Briefen und Notaten besondere Bedeutung zu. Die Maximen werden zu seinen Seelenstützen; das geschriebene Wort dient seiner Selbstvergewisserung. Geht man davon aus, daß vor dieser Schaffenskrise der Beginn seines Spätwerkes liegt, jenes staunenerregenden Stilwandels, den er gegen den Geschmack seiner Zeit weiterentwickelte, dann scheint es gerechtfertigt, auch nach Wandlungen in seinem Briefstil Ausschau zu halten, nach einem sich sprachlich (genauer: brieflich) artikulierenden Bewußtseinswandel zu fragen.

Was unmittelbar an den Briefen Beethovens aus jener Zeit auffällt, ist ihre wachsende Bereitschaft zum stilistischen Wagnis. Schon Ende 1813 begegnen wir Sätzen wie diesen: »Lassen Sie mich morgen wissen, wo Sie mich sprechen wollen, entweder Tischend oder Spazierend, oder Stuhlend, da ich mit Ihnen wegen meinem Hauswesen zu reden habe« (an Zmeskall). Ruhen kann er nun nur in der »Zerstreuung«, was aber, so hofft er, seiner Kunst wieder zugute kommen werde.

Er, der Schöpfer der Klaviersonate *Les adieux*, vermeidet jetzt Situationen, die zu einer »Art von Abschiednehmen« führen könnten (Brief an del Rio vom 24. Januar 1818). Und doch denkt er beständig an »Auswanderung«, an einen endgültigen Abschied von Wien, den er ritualhaft herbeiwünscht, während er Ort und Landschaft seiner Herkunft zunehmend idealisiert. Das mühsam erstrittene Sorgerecht für seinen Neffen Karl entwickelt sich in jenen Jahren zum Trauma. Und wenige Monate nach seinem Triumph im Großen Redoutensaal der Wiener Hofburg, als Beethoven vor den Königen Europas ein Riesenorchester in einem ausschließlich aus eigenen Kompositionen bestehenden Programm dirigiert, drückt ihn nicht nur materielle Not. Denn »in diesem monarchischen anarchischen Östreich« (Brief an Johann Kanka vom 1. Mai 1815) stehen die Zeichen längst auf Restauration und Unterhaltung à la Rossini. In einem Brief an Breitkopf & Härtel (10. März 1815) zeigt Beethoven, daß ihn außer der Restauration in Österreich auch deren Wirkung in allen »deutschen Landen« bedrückte. Er schreibt: »Ihr jetziges politisches Dasein will mir auch nicht recht gefallen, allein – allein – allein – ! Die noch nicht erwachsenen Kinder brauchen nun einmal Puppen«; solche, denen er soeben in der Hofburg vorgespielt hatte.

Sein Zeitgefühl war keineswegs nur auf die Musik beschränkt. »Diese wüsten Zeiten« beklagt er in seinen Skizzen zu einer Oper *(Bacchus)* aus dem Jahre 1817. Er spricht von einer aus aufgelösten Dissonanzen bestehenden dionysischen Antwort auf die allzu glatte, der Restauration angepaßte Vergnügungswelt. Man ernte in Wien nur noch »Rosinen«, heißt es in Anspielung auf das Rossini-Fieber noch 1823 in einem Brieffragment an Louis Spohr.

Beethoven contra Rossini: Polaritäten als Gewissensfrage des musikalischen Geschmacks; ästhetische wie schaffenspsychologische Scheidewege, ein künstlerischer Glaubensstreit, der letztlich, so schien es, keine Vermittlung duldete. Denn was läge zwischen der *Missa solemnis* und dem *Stabat mater*, was zwischen *Fidelio* und dem *Barbier von Sevilla*. Am ehesten Schuberts *Oktett* oder gar eine Beethovensche Brieflustigkeit, diese bacchantische Heiterkeit und Gelöstheit eines Komponisten, der barsch mit einem zusatzlosen »Beethoven« unterschreiben konnte oder gar mit einem selbstironischen »Mehlschöberl« oder einfach mit »Hosenknopf«? Über Beethovens Zungen-, besser: Federfertigkeit, das ist die Ironie dieser musikkulturellen Polarität, könnte nämlich durchaus eine Opernfigur Rossinis verfügen: »Herr Obenhinaus und nirgends an, Hr. Urgrund und ohne Grund« (Notiz an Schindler aus dem Jahre 1823); dergleichen zeugt von einer Lustigkeit, die sich Beethoven bis in die letzten Lebensmonate bewahren konnte. Er, der noch 1806 das Erhabene zu seinem Programm gemacht hatte (»Ich werde mich bemühen, die Kompositionen leicht angenehm zu machen, soweit ich es vermag und soweit es sich mit jener Erhabenheit und Originalität des Stiles, welche... meine Werke vorteilhaft charakterisiert und von welcher ich niemals herabsteigen werde, vereinigen läßt« (Brief an George Thomson), sieht sich schließlich als »Schiffbrüchigen« (Brief an Karl Holz von 1809), grüßend »von Hause ohne zu Hause zu sein« (27. Mai 1824).

Die mitunter sprühende Ironie der brieflichen Mitteilungen scheint den Anspruch des Erhabenen zu konterkarieren, gar zu untergraben. Das Pathos vieler Maximen und die sich in Kanons auflösende Wortverspieltheit Beethovens bilden immer wieder ans Kuriose grenzende Gegensätze.

Dem Briefschreiber Beethoven war keine Ausdrucksform fremd, keine Anspielung zu trivial; er, den Dichtungen ebenso wie die Natur zu Kompositionen anregen konnten, verfügte selbst über ein beträchtliches wortsprachliches Repertoire, das er souverän zu nutzen verstand: »– ach – es gibt Momente, wo ich finde, daß die Sprache noch gar nichts ist«, schreibt er seiner »Unsterblichen Geliebten«. Aufschlußreich das »noch«. Er schloß also nicht aus, daß es einmal eine Sprache geben könne, mit der sich reden ließe. Wie eine Notiz verrät, dachte er bei dieser künftigen Sprache nicht nur an die Musik: » - ach ich bin nicht zu stolz, wenn ich glaube, die Töne wären mir williger als die Worte«. Offenbar meinte Beethoven die unablässige *Arbeit* am wortsprachlichen wie musikalischen Ausdruck. Seine zunehmende Ertaubung scheint dabei das Expressionistische seiner Briefprosa noch verstärkt zu haben. Was im »Heiligenstädter Testament« und in den Briefen an die »Unsterbliche Geliebte« Manifest geworden war, das Eruptive seiner Gefühlssprache, blieb ihm bis zuletzt, wenn auch zunehmend parodistisch verfremdet. Mit Ironie kaschiert der späte Beethoven nicht selten seine Leidenschaft. An Karl Holz schreibt er 1825: »Werter?! Holz! Daß Holz aber ein Neutrum ist, daran zweifelt kein Mensch; wie widersprechend ist also das Maskulinum und welche Folgen lassen sich noch sonst für das personifizierte Holz abstrahieren?«

II

Briefe, Notate, Skizzen, Entwürfe gehören alle zu dieser *einen* großen Arbeit am Ausdruck. Was viele Besucher Beethovens geschildert haben, das Chaotische in seinen Wohnungen, war gewissermaßen nur das Erscheinungsbild seines Lebens – und damit gleichsam Kunstmaterial im Rohzustand, das in oft langen Prozessen immer weiter verfeinert wurde. Einer der Besucher, der Prager Organist Johann Wenzel Tomascheck, erinnert sich: »Ich fand hier ein aufrechtstehendes Pianoforte auf dessen Pulte den Text zu einer Kantate... auf der Klaviatur lag ein Bleistift, womit er die Skizze seiner Arbeit entwarf; daneben fand ich auf einem soeben beschriebenen Notenblatte die verschiedenartigsten Ideen ohne allen Zusammenhang hingeworfen, die heterogensten Einzelheiten nebeneinandergestellt, wie sie ihm eben in den Sinn gekommen sein mochten... So zusammengewürfelt wie diese musikalischen Teilchen war auch sein Gespräch...« Doch entstanden in diesem heterogenen Nebeneinander stets komplex strukturierte Äußerungen, ob in Gestalt einer musikalischen Komposition oder eines Briefes.

Die wichtigsten Briefe Beethovens zeugen jedoch von einer gebremsten Spontaneität. Sie verwenden selten ausgefallene Worte (sieht man vom Ausdruck »Ohrenmaschine« ab!). Im wesentlichen bedienen sie sich des herkömmlichen Sprachmaterials. Zuweilen schildern sie ausgreifend, dann wieder verkürzen sie epigrammatisch.

Irreführend wäre es, Beethovens Briefe zu künstlerischen oder religiösen Fragen von seinen Liebesbriefen oder Schreiben an Gönner und Behörden zu trennen; denn sie sind Zeugnisse *eines* umfassenden Arbeitsprozesses, in dem das eine zugleich neben dem anderen entstand. Was Beethoven beschäftigte, war der Ausdruck von Empfindung, wie er in seinen knappen Überlegungen zur »Pastoral-Symphonie" meinte. Diese »Empfindungen« sind in allem gegenwärtig, was von ihm überliefert ist.

Bei allem »Empfinden« unterscheidet er jedoch zwischen dem »freien Nachdenken« und der Begeisterung, dem reflektierbaren, will sagen: kontrollierbaren Gefühl und der Leiden schaffenden Leidenschaft. In seinem zwischen 1812 und 1818 sporadisch geführten Tagebuch klingt der Konflikt zwischen den empfundenen Gedanken und der gedankenlosen Empfindung oft noch stärker an als in seinen Briefen. Dieser Widerstreit artikuliert sich beständig als ein Gegeneinander des Profanen und Erhabenen: »Meinen erhabensten Gedanken leihe Hoheit, führe ihnen Wahrheiten zu, die ewig bleiben!« Daneben findet sich der Tagebuchvermerk: »Schuhbürsten zum Abputzen, wenn jemand kommt«. Das Lakonische und das Exaltierte wurden zu Daseinspolen.

Beethoven lebte pausenlos im Ausnahmezustand. Je bewußter ihm dies wurde, desto fester klammerte er sich an sein Zauberwort: Das Erhabene. Er hielt das künstlerische Streben nach erhabenem Ausdruck für seine eigentliche Lebensaufgabe. »Edles Empfinden« sollte Grundlage dieser Erhabenheit sein, keineswegs jene »höchste Ekstase des Bewußtseins der Schrankenlosigkeit«, wie Richard Wagner in seinem Versuch über Beethoven (1870) gemeint hatte. Durch dieses »edle Empfinden« sollte der (innere) »Aufruhr« zur »schönen Ordnung« werden, in welcher der »Streit mit Natur und Schöpfer« seine harmonische Auflösung finden würde.

Dieser angestrebten Erhabenheit stand eine von Krankheit, seelischen Erschütterungen, Ärger mit Verlegern, materiellen Sorgen und der sogenannten Neffentragödie geprägte Wirklichkeit gegenüber. Beethoven wollte diesen Schwierigkeiten mit einem sich selbst abverlangten Stoizismus begegnen, mit Ergebenheit und bloßem Ausharren. Aber was sich in ihm dabei anstaute, offenbaren gerade seine brieflichen Äußerungen mit ihrem ganzen Unmut über die Lebensverhältnisse; aber sie zeugen auch von seiner Geduld mit dem Neffen Karl.

Geduld? Oder war es Verblendung, Selbsttäuschung auf seiten Beethovens? Der Neffe als Sohnes-Ersatz wird gewissermaßen zu seinem Projekt. Von 1818 an steht für Beethoven fest, daß er Karl als sein eigenes Kind betrachten wollte. Er redete sich ein: »Alle Schwätzereien, alle Kleinigkeiten achte nicht über diesen heiligen Zweck.«

Die Mittel, die Beethoven einsetzte, erscheinen jedoch in einem weniger erhabenen Lichte. Um sein Ziel zu erreichen, als Vater anerkannt zu werden und einen Universalerben zu haben, schreckte er vor keiner Verunglimpfung seiner Schwägerin zurück. »Es ist schmerzlich für einen meinesgleichen, sich nur im mindesten mit einer Person, wie die Frau B. besudeln zu müssen.« Mit diesen Worten beginnt er seine »Denkschrift« im Februar 1820. Frau B. erklärt er zur Unperson. Sein »heiliger Zweck« hat Vorrang vor ihrer Mutterschaft; auch von Karl erwartet er selbstverständlich, daß er sich diesem »Zweck« unterordnet. Karl wird sich schließlich in eine ausweglose Lage getrieben sehen und mit einem Selbstmordversuch antworten. Beethoven hatte ihn zuvor Wechselbädern ausgesetzt: Er wirft ihm vor, verwöhnt und nicht mehr vertrauenswürdig zu sein. Darauf folgte ein Brief mit der dreifachen Aufforderung »Komm bald! Komm bald! Komm bald!« Es war nicht Beethovens Verdienst, daß der Neffe die rigoros betriebene Erfüllung dieses »heiligen Zwecks« überlebt hat. Wahrscheinlich dagegen ist, daß vielmehr der Selbstmordversuch des Neffen, das tragische Scheitern des »heiligen Zwecks«, Beethovens Ende beschleunigt haben dürfte. Und doch beschwört das Testament vom März 1827 noch einmal eben diesen »heiligen Zweck«; der Satz: »Mein Neffe Karl soll Alleinerbe sein«, besiegelt dann das Projekt »Sohn«.

Deutlich ausgesprochen findet sich der Zusammenhang zwischen Beethovens Kunst und der Sorge für Karl bereits 1817. »Über den Sommer arbeiten zum Reisen. Dadurch nur kannst du das große Werk für deinen armen Neffen vollführen.« Dem folgt der Zusatz: »Später Italien, Sizilien durchwandern mit einigen Künstlern! – Mache Pläne und sei getrost für Karl.« Durch seine Kunst möchte Beethoven die materiellen Voraussetzungen für seine Vormundschaft sicherstellen, die er zum »Werk« stilisiert, zu einer, wie das Komponieren, dauernden Aufgabe. Doch diese biographischen Hinweise können seine Kunst nicht erklären. Denn aus seiner Sorge um Karl ging kein bestimmtes musikalisches Werk hervor, keine Oper, in der ein ähnliches Problem behandelt würde. Die Transponierung des Lebens in die Kunst findet in den großen Werken Beethovens nicht statt. Sie überdauern, weil in ihnen die Kunst ihr Eigenleben führen kann.

III

Mag sein, daß Beethovens Kunst Musik gewordener Wille ist, wie Wagner schopenhauernd glaubte. Womöglich läßt sich sogar von einer Ethik dieser Musik sprechen. Vielleicht aber doch »nur« von einzigartigen Quart-Sext-Sprüngen oder von einer besonderen Behandlung des Es-Dur. Seine die musikalischen Kompositionen begleitenden Aufzeichnungen beweisen freilich, daß er die bloße Beherrschung von Formen für kunstlos gehalten hat. Mit allem, was er schrieb, wollte er etwas *aussagen,* und das mit einer Dringlichkeit, die hinter jeder Note, hinter jedem Wort spürbar ist. Gleich ob er sich in seinen gewöhnlich als Imperative vorgetragenen Maximen Mut zuschrieb, oder ob er in Briefen seine Nöte offenbarte, immer bewegt sein geradezu übermächtiges Anliegen, der Ausdruck seiner Betroffenheit. Stets führt der Weg »zum Inneren vom Äußeren«, wie er selbst schrieb. Damit scheint ebenso das Innere des Äußerlichen wie die Abkehr vom bloß Äußeren gemeint gewesen zu sein, die Verinnerlichung also. Gerade sie drückte Beethoven jedoch betont expressiv aus, leidenschaftlich. Bedeutete sie doch für ihn immer wieder Verzicht und Opfer.

Auffallend, wie selten Beethoven nach 1802 den Zustand der Taubheit reflektierte. Man gewinnt den Eindruck, als habe er in ihr schließlich ein Mittel zur Verinnerlichung gesehen, einen Schutz gegen das »Äußere«. Mit ihr fand er sich ab wie mit wenig anderem sonst. Sie förderte sein konzentriertes Kunstschaffen geradezu und half schon zu Lebzeiten bei der umfassenden Mythisierung seiner Person.

Man könnte behaupten, daß Beethovens Taubheit, sein Abgeschnittensein von der lebendigen Sprache, manche Eigenarten seines Briefstils erklären, insbesondere seine wiederholten Beugungen grammatischer Regeln, seine Vorliebe für Auslassungen einzelner Satzteile, seine Lust an stakkatohaften Aufzählungen, überhaupt seine Neigung, bis an die Grenzen der ausformulierten sprachlichen Mitteilung vorzustoßen. Dem steht jedoch die Beobachtung gegenüber, daß er bis zuletzt ausführlich zu schildern verstand, Widmungen treffend zu formulieren wußte und, wie der Brief vom Februar 1823 an Goethe zeigt, psychologisch geschickt, den Eitelkeiten seines Gegenüber zu schmeicheln wußte (»Allein ein eigenes Gefühl treibt mich immer, Ihnen soviel zu sagen, indem ich in Ihren Schriften lebe«).

Beethovens kuriosester Brief ist wohl jener, in dem er sich seinen Wiener Verlegern gegenüber zur Frage einer Gesamtausgabe seiner Werke äußerte (vermutlich 1822 geschrieben). Obgleich als Memorandum gedacht, erinnert er eher an eine Polemik, die bereits den ersten Satz bestimmt: »Wie die

Gesetzbücher sogleich bei den Menschenrechten, welche die Vollzieher bei alledem mit Füßen treten, anfangen, so der Autor.« Unmittelbar darauf schwelgt Beethoven bereits in Bildern; Werkauszüge und Zusammenstellungen nennt er »Eingemachtes, Ragout, Frikassee«; aus Verlegern werden »Pastetenbäcker«, die sich auf Kosten der Zulieferer bereicherten. Das Kursieren von diversen Bearbeitungen seiner Kompositionen, die »unrichtig« und »verfälscht herumwandeln«, nennt er »Anarchie«. Schließlich ein weiterer Gedankensplitter: »Unter uns gesagt, so republikanisch wir denken, so hat's auch sein Gutes um die oligarchische Aristokratie.« Dennoch wirkt dieses Gedankendurcheinander nicht zusammenhangslos; und die Forderung bleibt deutlich: Autorenrechte sind im Namen der Kunst *und* der bürgerlichen Gesetzlichkeit zu gewährleisten.

Beethoven verstand sich auf Rhetorik; manche Briefe gleichen Proklamationen. Er beklagte und verkündete; Fortschrittspathos und politische Utopien waren ihm nicht fremd. Er nahm mit seinem pathetischen Bekenntnis zu einem menschheitserziehenden Künstlertum Wagners Sendungsbewußtsein vorweg. Aber sein Witz, seine Ausdruckslust, an den Briefstil Mozarts erinnernd, relativierte dieses Pathos dann wieder, denn außer der Kunst setzte er nichts absolut. Neben Ausrufen, knappen Sentenzen und Verballhornungen brachte er es zuweilen zu langen, kunstvoll formulierten Satzperioden voller Ironie: »Den Tokaier betreffend ist derselbe nicht für den Sommer, sondern für den Herbst, und zwar für einen Fiedler, welcher dieses edle Feuer zu erwidern imstande ist, und den Fuß in Ungewittern halten kann«, schreibt er an Schindler im Juni 1823.

Hingeworfene Mitteilungen wechseln mit bedachtsam formulierten Briefen, deren Wirkung Beethoven rhetorisch genau zu kalkulieren wußte. So in einem Brief an Nanette Streicher vom 30. Juli 1817, der mit folgender Sequenz schließt: ».. . kommen Sie an die alten Ruinen, so denken Sie, daß dort Beethoven oft verweilt, durchirren Sie die heimlichen Tannenwälder, so denken Sie, daß da Beethoven oft gedichtet, oder wie man sagt komponiert.« Wie in der Tondichtung in einer *Sequenz* musikalische Figuren auf verschiedenen Tonstufen wiederholt werden, so verbindet Beethoven hier einen Gedanken mit emotional unterschiedlich getönten Motiven. Die Wirkung ist wie die der musikalischen Sequenz: Der sequenzartig vorgetragene Gedanke gewinnt etwas Nachdrückliches. Dieser Evokation einer allgegenwärtigen Idylle folgt dann jedoch ein Kontrapunkt. Beethoven schreibt als nächstes Wort: »In Eil« und will damit der Adressatin zu verstehen geben, daß dieser Brief nur hingeworfen und keineswegs sorgfältig komponiert worden sei.

Beethoven, dies soll damit gesagt sein, wußte genau um die Wirkung der Töne wie auch der Worte. Schließlich ließ er selbst gern Worte auf sich wirken, ob jene Plutarchs, Shakespeares, Goethes, Grillparzers oder Schillers. Fraglos war Beethoven einer der belesensten Komponisten, der sich selbst mit so entlegenen Werken wie Jean-Jacques Barthélemys *Reise des jüngern Anarcharsis durch Griechenland* (1788, 7 Bände) beschäftigte, die auch zum Lesestoff des jungen Hölderlin gehört hatte. Die Arbeit am Wort und am Ton war in Beethovens Schaffen ein komplementärer Vorgang, gleich ob er mit Treitschkes Hilfe das *Fidelio*-Libretto revidierte oder die in Goethes *Egmont* sprachlich nur angedeutete Musik tatsächlich komponierte. Denn für Beethoven waren Worte stets Fermente im musikalischen Schaffensprozeß.

IV

Auch Beethoven phantasierte in Worten, zumeist in seinen Liebesbriefen. Er malte sich Beziehungen aus, überließ aber die intimsten Phantasien den Gedankenstrichen. Die Schriftzüge gerieten ihm dabei zu nahezu abstrakten Skizzen. »Wie oft habe ich, geliebte J., mit mir selbst gekämpft, um das Verbot, welches ich mir auferlegte, nicht zu überschreiten – aber es ist vergebens, tausend Stimmen flüstern mir immer zu, daß Sie meine einzige Freundin, meine einzige Geliebte sind – ich vermag es nicht mehr zu halten, was ich mir selbst auferlegt...« (an Josephine Deym, 20. September 1907). Ein Satz, der nicht enden mag; das Gefühl soll strömen in ihm. Phantasie und Vereinigungssehnsucht werden eins in diesem Sprachgebilde. Kunst war für Beethoven jedoch etwas anderes; sie entstand nicht dadurch, daß man seinen Gefühlen freien Lauf zwischen den Notenlinien ließ; sie erforderte Widerstand gegen sich selbst. Ohne Selbstüberwindung war sie undenkbar. Es blieb bekanntlich unserer Zeit vorbehalten, Kunst mit »Selbstverwirklichung« gleichzusetzen und den schöpferischen Prozeß mit dem Abreagieren von Neurosen. Mit dieser Vorstellung läßt sich Beethoven nicht gerecht werden. Er setzte Lebenserfahrungen nicht einfach in Musik um. Überdies gilt gerade bei Beethoven (wie wohl bei allen großen Komponisten), daß die musikalische Erfahrung ein zusätzlicher Wahrnehmungsbereich mit Eigenwert gewesen ist. Josephine Gräfin Deym täuschte sich, wenn sie in einem an Beethoven gerichteten Briefentwurf schrieb: »...noch ehe ich Sie kannte, machte Ihre Musik mich für sie enthusiastisch...« Nein, seine Musik war das eine, sein Alltags-Ich das andere. An der Gleichsetzung von beiden scheiterten auch Beethovens intime Beziehungen zu anderen Menschen. Die sublime Struktur seiner Kunst und das Chaos seiner Lebensverhältnisse sind nur durch vielschichtige Beschreibungsversuche miteinander in Beziehung zu bringen. Sein emphatisches Schwärmertum, seine wüsten Ausfälle und seine *musikalische* Gefühlsgenauigkeit sind in ihrer Widersprüchlichkeit zu erfassen, ohne Hoffnung darauf, sie miteinander vereinbaren zu können.

In seinem Tagebuch exzerpierte Beethoven aus Adolf Müllers Tragödie *Die Schuld* (1816) unter anderem folgende Stelle: »Der Riß gespannter Saiten / Wie der Klang, der sanft verhallt / Ist ein *Schall* / Der den Fall / Eines Menschen kann bedeuten.« Beethoven hatte das Wort »Schall« eigens hervorgehoben, das Verhallen als das Schicksal seines Kunstmediums, der Töne. Gegen dieses Verhallen wollte er immer wieder die Gewißheit des Wissens setzen. So versuchte er herauszufinden, wie im Griechischen das Wort *Eleison* betont wird; »alle Kirchenchoräle« und die »Prosodie aller christkatholischen Psalmen und Gesänge« wollte er erforschen (wohlgemerkt nicht ihren geistlichen Inhalt!); überdies vermerkt er erfreut, daß *Sänger* den Griechen ihre Freiheit nach den persischen Kriegen *singend* verkündet hatten, wie er, wissensdurstig, dem Plutarch entnommen hatte.

Was verhallt, fördert das Schweigen. Beethoven hatte versucht, auch diesen Vorgang musikalisch auszudrücken, etwa in seiner Vertonung von Herders Gedicht *Das Schweigen*, dessen *poco sostenuto* geradezu eine Aura des Schweigens erzeugt. Ähnliches gilt für die sogenannten »stillen Stellen« im dritten Satz seines Trios op. 97, die das *andante cantabile* wirkungsvoll rhythmisieren.

Trotz der oft drastischen Exklamationen in Beethovens Briefen finden sich auch in ihnen solche »stillen Stellen«, etwa in seinem Brief an Marie Bigot (1808), in dem er sie drängt, ihn zu treffen: »Antworten Sie mir, meine liebe M., ob Sie können – Ich frage nicht, ob Sie wollen, – weil das letztere nur von mir zu meinem Nachteile wird erklärt werden; – «. Hoffen und Resignation, Phantasien und Ernüchterungen, Burlesken und bitterer Ernst, radikale Offenheit und Verrätselungen, Beethovens Briefe sind überreich an diesen Gegensätzen, an diesen Dur-Moll-Wechseln und letztlich unauflösbaren Dissonanzen. Begreifen wir diese Gegensätze in ihrer Eigenbedeutung, und hüten wir uns daher auch vor dem Irrglauben, daß sich mit einer wohlerforschten Fußnote die Identität der »Unsterblichen Geliebten« nun endlich unzweifelhaft bestimmen lasse. Ihre Identität hieß *Geheimnis*. Und nur mit ihm konnte Beethoven leben.   *Rüdiger Görner*

Inhalt